品读大连

大连民间艺术

文化寻奇

刘益令 著

大连出版社
DALIAN PUBLISHING HOUSE

图书在版编目（CIP）数据

文化寻奇·大连民间艺术 / 刘益令著. — 大连：大连出版社，2022.9

（品读大连）

ISBN 978-7-5505-1766-0

Ⅰ.①文… Ⅱ.①刘… Ⅲ.①民间艺术—介绍—大连 Ⅳ.①J12

中国版本图书馆 CIP 数据核字 (2022) 第 077379 号

WENHUA XUN QI • DALIAN MINJIAN YISHU

文化寻奇·大连民间艺术

出 版 人：代剑萍
策划编辑：刘明辉　代剑萍　卢　锋
责任编辑：卢　锋　杨　琳　姚　兰
封面设计：盛　泉
版式设计：对岸书影
责任校对：安晓雪
责任印制：刘正兴

出版发行者：大连出版社
地址：大连市高新园区亿阳路 6 号三丰大厦 A 座 18 层
邮编：116023
电话：0411-83620573 / 83620245
传真：0411-83610391
网址：http://www.dlmpm.com
邮箱：dlcbs@dlmpm.com
印 刷 者：大连金华光彩色印刷有限公司
经 销 者：各地新华书店

幅面尺寸：170mm × 240mm
印　　张：14.5
字　　数：260 千字
出版时间：2022 年 9 月第 1 版
印刷时间：2022 年 9 月第 1 次印刷
书　　号：ISBN 978-7-5505-1766-0
定　　价：48.00 元

目录

剪纸篇

不知细叶谁裁出

把剪纸篇作为本书的开篇，是理所当然的溯本求源之举。在大连，剪纸是最典型的来自民间、流传于民间的乡土艺术，也是最经济、最简洁、最便于抒情的平民艺术，更是最具有大连文化特征的民间艺术。同时，剪纸又是许多艺术形式的母体，是中国艺术的活化石。大连剪纸对大连皮影、刺绣、布艺、彩扎、农民画以及其他工艺美术类的民间艺术都有着深刻的影响，甚至有的艺术形式就是从剪纸中衍生出来的。从这个意义上说，剪纸拥有远远超出其本身价值的价值。

美国纽约当地时间2012年3月1日下午5时30分，在被称为“世界的十字路口”的纽约时报广场上，鳞次栉比的高楼和五光十色的电子屏幕中间增添了一抹格外抢眼的“中国红”——一段45秒的大连宣传片。它在纽约时报广场滚动播放了三个月，大连剪纸是其中的一个唯美镜头。制片人说，剪纸，是中国的特色之一，也是大连的特色之一。

那么，大连剪纸的特色是什么呢？

人类对镂空和透雕之美的发现和欣赏，催生了刻纸和剪纸。大连剪纸以手剪为主，刀刻极少。手剪剪纸在大连地区可以说是遍地开花，“上炕剪子，下炕镰刀”就是对大连地区广大农村妇女过去日常生活的写照。一幅剪纸就像一首民歌，能用凝练的语言表达出丰富的内容，一把剪刀转瞬间就能剪出满窗的鸟语花香和满院的喜气洋洋。剪纸的题材与百姓的生活紧密相连，最能体现普通民众的审美观念和精神品质。

我国迄今所发现的最早的剪纸实物，是在新疆吐鲁番火焰山附近出土的五幅北朝时期的团花剪纸，它们与今天民间的团花剪纸极其相似。据说，大连大黑山剪纸已流传了600多年，庄河剪纸、瓦房店东岗剪纸乃至整个大连地区的剪纸都源远流长。

大连剪纸主要是由山东和河北移民带入的，鲁、冀剪纸中北方剪纸的朴实淳厚之感和喜庆吉祥、寓意深远的古风遗韵就成为大连剪纸的源头和底色。与此同时，大连本地盛行的祭祖烧香仪式中的剪纸挂笺力求精巧华美，纸扎用的雕花着色剪纸要尽量金碧辉煌，也促进了大连剪纸艺术的发展。

大连民间剪纸品种多样，用途很广，每逢年节或婚嫁、生子、寿辰等佳期时，人们都会用红纸剪出各种象征吉祥喜庆的花样装饰门窗室内，或点缀在嫁妆、彩礼、祝寿礼品上，以增加祥瑞喜庆气氛，寄寓美好愿望和理想。

大连地区的剪纸，根据用途来分，主要有窗花、喜花、墙花、门笺、绣花样子和纯观赏性剪纸。其中，窗花是种类最多、最为普及的民间剪纸品种，其他剪纸都是在窗花的基础上衍生与发展而来的，因此，剪纸最早又叫窗花。

窗花是贴在窗纸或窗户玻璃上的剪纸，过去多贴于农村窗户的白纸上。窗花无论是题材、表现手法，还是剪纸技艺，都是剪纸艺术中最具有代表性

窗花

的一种。贴窗花装饰居室环境、渲染喜庆气氛是大连，特别是大连农村春节活动的一项重要内容。旧时的大连农村，春节期间谁家窗户若未贴窗花，就是“瞎眼窗”，别人就会猜测这个家庭是否出了事。大连地区的窗花都是用单一的大红纸剪成的，多为阳剪，以求得较多镂空的面积；多用细线造型，以求亮堂玲珑的效果。有时用几片窗花，一般是四片，组成一幅完美的图画。这种窗花尤为频繁地出现在大连老辈剪纸人的剪刀下。窗花的题材极为广博，现实生活和吉祥图案均可成为窗花的表现内容，民间故事、戏曲人物也是窗花的表现题材，其中寓意吉祥的窗花数量最多。祈祝生活富裕、后代昌隆、人寿年丰，以及辟邪迎祥是窗花表现最多的主题，体现了窗花古老而丰富的文化内涵。剪窗花作为节日中的一项民俗活动内容，民俗作用集中，尽管年年岁岁“花”相似，人们却出于对生活的热爱而百“剪”不厌。

喜花

喜花是随着中国婚俗的逐步完善而出现的结婚用品，是烘托结婚气氛的装饰物，注重剪纸的寓意性和造型的整体性。大连地区常见的有吉语文字喜花、寓意双关喜花、戏曲故事喜花、民俗事象喜花。比如《蛇盘兔》，民间流传属蛇、属兔的男女结合最为美满，“蛇盘兔，必定富”，因此用蛇盘兔的剪纸纹样来表现夫妻的恩爱、幸福、美满和富足。又如用“双喜临门”、“鸳鸯戏水”等汉字或图案组成的喜花来表达对婚姻的美好祝福和祈愿。喜花的形式与其他品种的剪纸相比，更注重对吉祥文字的运用和对

门笺

表现爱情题材图案的选择，且喜花外形多为圆形、方形、桃形、菊花形、牡丹形、如意形等，具有完整独立的形状，反映出花套花、形套形的阴阳造型观念。

墙花是装饰房屋四壁和顶棚的剪纸，包括炕围花、棚花等，不受形状、大小限制，风格粗犷、厚重。如炕围花贴于炕围墙上，比窗花大，题材多为戏曲人物、民间传说，有故事情节，还有的用汉字装饰，用象征、谐音、会意等手法构成图案。墙花曾在大连农村风行一时，如今很少有人去剪去用。

门笺是节庆时张贴在门窗横梁上的一组剪纸，五幅一组，将每张的上端粘贴固定，下端可以随风飘扬，观赏效果极佳，大大增加了节日气氛。门笺均为长条形，有一个宽边缘，中心部分通常配上“大吉大利”、“迎春接福”等吉祥语，中凿连线纹，四周衬以古钱纹、万字纹，下方常缀有流苏，玲珑剔透。

绣花样子

绣花样子是作为绣花的转换手段而创作的剪纸，剪后贴于面料上便于施绣，大连的老刺绣艺人都会剪绣花样子。绣花样子最终效果将再现为刺绣，但是就其本身的艺术特征而言，又是剪纸艺术的重要组成部分。几百年来，大连民间剪纸艺人剪出了各种绣花样子，如领口花、袖口花、胸花、花边、裙花、裤脚花、鞋头花、鞋面花、袜底花、被面花、门帘花、枕顶花、镜帘花、背带花等。用于老人丧礼寿鞋、寿枕等物的剪纸花样又叫送老花。香囊、荷包等各种配饰也都可以用绣花样子为粉本进行刺绣。大连一些从事布艺创作的人一般都会使用绣花样子。以前，大连姑娘出嫁前总要做一些精细的针线活儿做陪嫁品，如兜肚、枕顶、绣花鞋等，不会做这些就没脸到婆家。这些绣花底样基本上是剪纸花样，所以剪纸中绣花样子十分普及，而且花样繁多，寄托了待嫁姑娘的愿望和心绪。

纯观赏性剪纸是在窗花的基础上发展而来的，剪工精湛，风格高雅，形式完美。大连剪纸艺人充分调动剪纸的艺术语言，匠心独具，继承传统，大胆创新，创作和刻画生动形象，使剪纸极具观赏性和审美价值。纯观赏性剪纸经过装裱或装框可以成为室内装饰品或馈赠亲友的礼品，更是赠送国际友人的佳品。大连走出国门的剪纸大多是纯观赏性剪纸，深受赞赏和欢迎。纯观赏性剪纸虽然不承担窗花的民俗功能，但是其精湛的技艺与完美的形式又对窗花等实用性剪纸产生了重要影响，促进了窗花剪纸技艺的提高和内涵的丰富。

纯观赏性剪纸·迎春

除了以上常见的剪纸品种以外，大连剪纸中还有礼花、灯花、祭祀花。贴在或摆放在礼物上的剪纸叫礼花；贴在灯笼上的剪纸叫灯花；寿鞋、寿枕的绣样，纸扎的装饰附件和旗幡等剪纸叫祭祀花。这些品种的剪纸一般在特定环境下或物品上使用，比如受山东风俗的影响，大连老辈妇女会在装米、面的纸缸和装针线的纸管箩等物品上贴自己喜欢的好看的剪纸。

无论是哪个品种的剪纸，大连剪纸都具备中国民间剪纸的艺术共性：简练概括，夸张传神；善用比喻、谐音寓意；构思大胆，幽默讨巧；富于装饰感，因物赋形。

大连地区有大量山东和河北一带移民的后裔，经过几代人的传承与发展，他们的风俗习惯、文化传统造就了大连独特的地域文化，剪纸也在这种独特的地域文化环境中衍化出了风格多样、个性突出的作品。齐鲁文化、中原文化与东北文化的融合，海洋文化与陆地文化的融合，汉族文化与满族文化及其他少数民族文化的交流，使大连剪纸历经数百年的演变和发展，逐渐形成了自己的特色，在不同时期产生了许多不同辈分身怀绝技的剪纸艺人。在走出国门、走向世界的大连民间艺人中，剪纸艺人数量最多、影响最大，大连剪纸是最受国内外瞩目的大连民间艺术。

特别值得一提的是，过去人们总把剪纸看成中原和西北地区的艺术，东北剪纸，包括大连剪纸，了解的人不多。随着庄河剪纸成为国家级非物质文化遗产项目和中国剪纸入选联合国教科文组织非物质文化遗产名录，随着大连剪纸被庄河剪纸艺术家韩月琴带入日本爱知县世博会、北京奥运会、上海世博会进行表演展示，大连剪纸被越来越多的国内外人士所认识和看重，而且获得了中国剪纸界、学术界众多专家学者的高度评价。

庄河剪纸

提起大连剪纸，人们都会不约而同地把探寻的目光首先投向庄河，把在那块“天地间灵秀之气所聚”之地上绽放的剪纸之花当成大连剪纸乃至辽南剪纸的代表。

这一点儿也不奇怪。在庄河，几乎家家户户都有会剪纸的妇女，剪刀和纸张是人们自娱自乐和点缀生活的工具。在庄河，民间的剪纸比赛和民俗活

庄河农民剪纸（1958年） 庄河市文化馆资料

动中的剪纸展示与交流已经成为当地人难以割舍的文化活动，婚庆寿诞更是离不开剪纸来添彩。春节期间到庄河走走，不管是城镇还是乡村，无论汉满蒙回，门面上、窗棂上，甚至院墙上，到处贴有红彤彤的剪纸，不知细叶谁裁出，争奇斗艳，喜气祥和。

庄河剪纸·四季花鸟 作者：毕秀英

庄河剪纸2006年入选辽宁省第一批省级非物质文化遗产名录，2008年荣登第一批国家级非物质文化遗产扩展项目名录，2009年作为中国剪纸的一部分入选联合国教科文组织非物质文化遗产名录，庄河剪纸声名鹊起。

其实，庄河剪纸早在明清时期就应民俗民情的需要始兴于民间，清末民初已呈繁盛之势。从宗教活动和祭祖烧香仪式上用的剪纸挂笺到酬神和殡葬活动中用的纸扎，从建于明代的庄河仙人洞寺庙选用的剪纸饰品到庄河古城老街和庙宇牌楼的建筑装饰图案，从民居和节日中见到的各种传统剪纸作品到纯观赏性剪纸作品，庄河剪纸如同流淌在庄河每个村庄的每条河流，来龙明白，去脉清楚，活水丰盈。

庄河剪纸·鸳鸯戏水 作者：孙秀英

庄河剪纸最早叫花样或铰花，与中华民族传统剪纸一脉相承，沿袭了古老的传统样式和表现技法。常见的“马上封侯”、“麻姑献寿”、“蛇盘兔”等诸多图案在构图、造型、镂空效果和连接关系上，以及强调装饰性、讲究纸感刀趣等基本形态上都保持了中国传统剪纸的共性特征。从清末民初一代剪纸人到现已年逾古稀的老人传承下来的剪纸模式上看，以前庄河剪纸广为流传的剪纸类型有窗花、墙花（包括棚花、炕围花等）、喜花及单纯的剪纸画等，题材以祈福驱灾、民俗民情和历史故事、民间传说为主，剪纸构图简单，造型极为简练、抽象和夸张，并娴熟巧妙地剪出相伴相随的锯齿纹与月牙纹，剪出各种式样“朵花”和恰到好处的装饰纹样，有很强的装饰处理程式化特点，质朴而不失精巧，粗犷而不失俊逸，巧拙相济，保持了相对的原生态。这是移民带来的齐鲁文化与本土文化长期融合的结果，也是山海相依的生存环境下庄河民众精神生活的产物。郭沫若先生在《剪画选胜》卷首题词道：“曾见北国之窗花，其味天真而浑厚；今见南方之剪纸，玲珑剔透得未有。”实际上，庄河剪纸演变发展到今天，似乎很难用中国南北剪纸的识别标准来加以区分。现在，庄河剪纸人好用单一红色，也有套色，但极少，多用阳剪，兼用阴剪，善于对自然物象进行主观改造，剪下率意畅情，造型夸张抽象，内容则耐人寻味，往往通过形象表达、谐音表达、文字表达等方式，将表现对象典型化，遵循变形、夸张的装饰造

庄河剪纸·十子十成　作者：韩月琴

型原则，讲究简繁处理和黑白关系，注重刀味剪韵。这一特征被越来越多的剪纸界人士和民俗文化研究者所推崇，也被慕名而来的中外朋友所赏识。

庄河有一大批老中青剪纸艺人，他们扛起了庄河剪纸的大旗。从庄河市文化馆提供的知名剪纸艺人名单中，我们可以看出几代庄河剪纸人的传承和延续，韩月琴、孙秀英、毕秀英、王秀香、杨传浩、牛淑英、刘淑和、王顺国、韩月巧、高源清等人皆出类拔萃，各有所长，韩月琴更是其中的佼佼者。

韩月琴出生在离当时庄河县城80多里远的一条临海大山沟里，母亲、姥姥都是剪纸高手，姨姥更是巧得远近闻名，连城里刺绣作坊也上门索求绣花样子。在这样的家庭里耳濡目染、口传心授，韩月琴和她的姐妹们想不拿起剪刀都难。况且，庄河的秀美山川常于无意中给人灵感，频繁的民俗活动不但是剪纸产生的渊源，还为剪纸的传播搭建了舞台。因此，6岁时韩月琴的剪纸就拿得出手了，很快，十里八村就有人来向她讨要鞋花、枕顶花、窗花。成年后的韩月琴考入大连师范专科学校美术班，机缘巧合，先后两次进城生活，却最终担任了庄河的美术教师，一干就是30年。在这30年里，她始终坚持在山海之间采风，在农家炕头上向剪纸老人求教，领悟庄河剪纸真谛，创作出无数剪纸作品。在对中国剪纸理论和中国传统文化颇有研究的丈夫王玉良的帮助和支持下，未到不惑之年，她便从人才济济的庄河剪纸队伍中脱颖而出，闯出一片属于自己的艺术天地。她的剪纸是庄河剪纸的代表，保留了庄河剪纸的原生态特质，同时，许多作品又属于中国民间剪纸中具有较多创意、观赏性极强的现代新民俗剪

庄河剪纸·十二生肖·猪　作者：韩月琴

庄河剪纸·九鱼图　作者：韩月琴　韩月巧

庄河剪纸·吉庆有余 作者：韩月琴

纸。她应邀到日本爱知县世博会、北京奥运会、上海世博会上表演剪纸，也获得中国剪纸最高级别的奖项。她又是改革开放后第一位走出国门的大连艺术家，被国际友人称为“神州神剪”和“用剪纸传播吉祥和友好的民间艺人”。中国剪纸艺术高层论坛评价说：“她的吉祥如意剪纸，脱形写神，粗犷神奇，巧妙运用传统吉祥纹样将概括与夸张、比喻与谐音、寓意与象征手法生动地运用到剪纸中，达到神似大于形似的效果，把吉祥如意主题发挥到极致。”

创作中，韩月琴将自己的意念与客观对象相融合，天趣盎然，图必有意，意必吉祥，借物传情言志，求全求满，道出了对生活的理解和憧憬。甚至那些未曾见到而是悟到、不是现实而是期盼的事物都被她信手拈来，作为表现吉祥的载体，在看似随意挥洒的剪刀下流淌出真善美的情感，展现着美好的向往。

如《十子十成》，硕大的猪脸正面喜笑颜开，周围十只憨态可掬的小猪摇尾吃奶，身上的云纹曲线使一个本来对称集中的图形顿时鲜活起来，洋溢着生育和成长的喜悦。《雄鸡歌盛世》中的雄鸡顶天立地，采用阴剪突出主题，用阳剪的牡丹花陪衬，装饰美达到了新高度。《吉庆有余》中，“鸡”谐“吉”，“鱼”谐“余”，给人以吉庆有余的感受，仔细品味，还可以体会到“官上加官”、“福中有福”、“富贵连年”等多重寓意。鱼和玉米通过共用形处理，既谐音又谐形，如果将目光聚焦在五条向上的鱼身上，看到的是围绕花朵逐浪撒欢的密集鱼群；如果将目光聚焦在花朵上，首先看到的是一朵盛开的牡丹，叠在牡丹下的是两朵莲花，再往下延伸，插在莲花下的五条鱼便成了五个大的花瓣。《和谐奥运》是将民俗剪纸加以创新，表现现实题材的作品，对称的荷和蟹做陪衬，“荷”谐“和”，“蟹”谐“谐”，突出了奥运会使世界人民更加和谐、团结的主题。庄河是东北满族人的居住地之一，从韩月琴的剪纸《抓髻娃娃》中可以明显地看出少女的满族风韵。2009年出版的《韩月琴吉祥剪纸》收录了她的千余幅作品，都是这样地域特色鲜明、生活气息和满汉风韵扑面的精品佳作。她继承了中国剪纸“随心走”的古老传统技法，不画草图，想到什么剪什么，剪随心动，形到神至，看似信马由缰，实则成竹在胸，匠心独运，剪出的剪纸都是孤品。韩月琴剪纸已经成为一道最能体现大连民间艺术的人文风景线，她也成为国内剪纸界最为推崇的剪纸艺人之一，艺在庄河，名满中外，为大连这座城市赢得了不少荣誉，国内剪纸界权威评价她是“承前启后的民间剪纸艺人”。同时，她为大连剪纸的传承和弘扬付出的心血和做出的贡献也为家乡人所赞赏。因此，她在2010年荣获以表彰德艺双馨艺术家为宗旨的大连市文艺“金苹果奖”，成为大连市文艺创作委员会设立此奖项20多年以来首位获此殊荣的大连民间艺人。

庄河剪纸·和谐奥运　作者：韩月琴

庄河剪纸·抓髻娃娃　作者：韩月琴

说到庄河剪纸，说到韩月琴，就不得不说庄河韩氏剪纸家族。2007年9月，在庄河市兰店乡海边的古淘金场旧址，一座养虾场的院墙挂上了520张大红剪纸，如同海浪山花，为山海之间的田野带来了一片涌动、红火和喜气。这是庄河韩氏家族的四辈几十个家庭百余口人的剪纸展览，80多岁的老人和六七岁的孩童，男女老少都在尽情地展示着自己的作品，对于他们来说，这又是一次极为平常的自娱自乐活动，而这个家族传承庄河剪纸却意义非凡。

以韩月琴为代表的韩氏家族中的七姐妹——月桂、月娥、月松、月梅、月凤、月琴、月巧，年轻时被人称为“七仙女”，加上兄弟两人，是家族中第三代剪纸传承人。他们各自组成家庭以后，已经成为拥有多个姓氏的庞大群体，夏春荣、王淑荣、陈莉、王紫微、李佳宜等十几人又成为不同辈分、不同年龄段中新的剪纸骨干，特别是韩月琴剪纸的传承人、她的孙女王紫微已经是同龄人中的佼佼者。实际上，无论男女，也不论原来会不会剪纸，进了韩家门，三句话离不开剪纸，想不拿起剪刀都不行。如今，家族中的第四代、第五代、第六代剪纸人也相继成长起来，他们都是自幼就热爱剪纸，从小就拿起剪刀，一懂事就参加活动的。他们就像生长在同一棵大树主干上的枝枝杈杈，吸收着同样的营养，接受着相似的熏陶，都得到了长辈和社会的呵护与鼓励。

庄河剪纸·福娃　作者：韩月凤

副业生财

鱼蟹满仓

林育金山

五谷丰登

六畜兴旺

庄河剪纸·乡村振兴曲　作者：韩月琴

庄河剪纸·飞天　作者：韩月巧

庄河剪纸·鼠年迎奥运　作者：陈莉

2016年春节期间，庄河韩氏剪纸家族的14名家族成员风尘仆仆地从庄河赶到金石滩参加年货大集上的民俗展演，四代人同时挥剪，一张张大红剪纸争相亮相，带来了浓浓的年味儿，是大集上最亮丽的一道风景线。2016年6月，韩月琴和韩月娥、韩月凤、韩月巧及家族10多名第四代、第五代剪纸人从庄河来到大连参加庆祝中国第11个“文化遗产日”的活动，该家族成员已经连续11次参加这样的活动了。他们在大连市群众艺术馆和大连市非物质文化遗产保护中心主办的“庄河剪纸韩月琴家族剪纸作品展”上表演剪纸。同月，2016中国非遗庙会文化遗产论坛在大连举行，韩月琴、韩月娥、韩月凤、韩月巧和陈莉、孙盈秋、王紫微等家族剪纸骨干又赶到现场即兴表演。十几年来，该家族成员参加了许多次国家级的剪纸展览和比赛，以及国家非物质文化遗产保护部门组织的活动，足迹遍布全国20多个省市，有人还应邀到中国澳门、中国台湾及日本、韩国、俄罗斯展示技艺，进行文化交流，他们的事迹被国内外媒体广为宣传，被称赞“使国家级非物质文化遗产项目庄河剪纸得到弘扬”，“使民族文化走向了世界”。

这个剪纸家族总给人一种神秘感，他们那种世代痴迷于剪纸，特别是在商品经济大潮冲击下逆流而上的精气神和无论富有还是清贫，无论身处顺境还是逆境，都对剪纸不离不弃的执着追求，吸引了不少研究中国剪纸的评论家撰文称赞。剪纸是需要根基的，是一种文化的传承，这个剪纸家族祖上从山东跨海而来，世世代代没有脱离庄河这片热土，没有脱离民间艺术这个摇篮，始终以剪纸活动为自身的精神生活乐园，这也许是他们能够走到今天，并能够继续走下去的根本原因吧。

庄河剪纸·玉兔平安　作者：王紫微

金州剪纸

金州历史悠久，自古以来就是满族、汉族、蒙古族、朝鲜族等民族的居住地，孕育了灿烂的地方文化。金州是大连剪纸的发祥地之一，民间剪纸久盛不衰。

金州剪纸风格淳朴凝练，剪纸的镂空既有汉族细腻的阳纹相连技艺，又有满族、蒙古族、朝鲜族等民族粗犷洒脱和拙朴的审美效果，大拼块、粗线条的构图尤为厚重。

金州的民间剪纸可以分为四种类型：一是满族特色较浓的墙花和大拼块、粗线条的纸缸花，刺绣风格的拼色剪纸；二是山东特色较浓的细纹阳刻（阳线相连）剪纸，如石河街道的汉族老大娘、老一辈剪纸艺人高桂兰，幼年就从山东出关，将家乡剪纸带到金州，二十里堡街道侯耀光剪的花样也带有山东地区民间特色；三是满族及其他民族特色结合的剪纸，如石河街道黄旗社区罗桂芬、三十里堡街道潘玉花和华家街道卢继娟的剪纸；四是有美术基础的中青年剪纸爱好者的作品。

金州剪纸寓意幽远，意味深长，人兽草树、花鸟鱼虫绝不是单纯的形

金州剪纸·织女　作者：高桂兰

式表现，而是蕴含了深刻的古老文化观念和对人世沧桑变迁的特定感觉。剪纸题材广泛，内容既有原始社会生死崇拜文化符号，又有生命繁衍文化符号，有动物、植物，还有民间故事、戏剧人物、小说人物和生活场景等。如向应街道已故剪纸老艺人郑金翠的剪纸《生命树》，花盆象征母体，上面剪出女阴符号V，盆里长出石榴，石榴有多子之意，枝条上站着鸟，象征男根，整幅剪纸造型喻示生殖和生命崇拜观念。金州剪纸中的《金瓜生子》、《老鼠吃白菜》等剪纸喻示子孙繁衍、多子多孙，是对传统文化的继承。又如《富贵平安》用牡丹和瓶构图，《喜庆有余》用鸡和鱼构图，借吉祥物和谐音寓意喜庆、富足、吉祥。《喜鹊登梅》、《麒麟送子》等剪纸也是在表达某种愿望。还有《二龙戏珠》、《踩高跷》、《喂鸡》等剪纸，是审美主体在生活当中捕捉到的瞬间情景定格，反映出人们的喜庆欢乐。

金州剪纸·生命树　作者：郑金翠

金州剪纸・贵妃醉酒　作者：于振平

金州剪纸・黄河母亲　作者：刘天锡

金州有一大批剪纸艺人，高桂兰是金州难得的古老剪纸图样继承者和家族中的第二代传承人，并能将传统人物造型融会贯通到反映现实生活的剪纸中。她的传承人郝传松毕业于中央美术学院民间美术系，对金州剪纸深有研究，其作品具有金州民间剪纸特色。其家族中的第四代传承人鞠红梅剪纸技巧纯熟，创意新颖，体现出金州新民俗剪纸的风格。于振平、刘天锡等一大批金州剪纸艺人，也都常年坚持剪纸创作，出手不凡，引人注目。

大黑山剪纸

与金州剪纸有着共同艺术特征的还有大黑山剪纸，大黑山剪纸可以看作金州剪纸的分支。

大黑山剪纸，受当时社会政治、宗教、文化等影响，依附于特定生活环

大黑山剪纸·寿　作者：高晓莉

境及民间习俗而存在，其表现题材与内容集中反映出民间百姓祈福纳祥、驱邪避灾的愿望。这在时令节日、婚丧寿宴、生儿育女、居家生活装饰所用到的剪纸作品中显得格外突出。这些剪纸内容构思巧妙，多采用托物寄情或赋予吉祥意义的象征手法，艺术语言给人美好的联想，说出来生动有趣，朗朗上口。主要表达方式有三种：一是形象表达，常以比喻手法用花鸟鱼虫来表达一种愿望，反映民间百姓在求生存的劳动之余"饥者歌其食，劳者歌其事"的生活渴望和热爱生命的真挚情感。如用"龙凤呈祥"、"鸳鸯荷花"比喻夫妻和美等。最常见的是用金枝玉叶、花瓶和马、牛、羊、鸡、犬等十二生肖的形象表达祈福求吉的内涵。同时，在形象语言上形成了一些约定俗成的表达符号。如"连年有余"不只是生活富足的写照，其中的鱼代表男，莲代表女等。二是谐音表达，用动物、花卉名称的谐音组成图案，表示一种吉语或寓意，如鸡和羊比作"吉祥"，两只喜鹊和海棠比作"双喜满堂"，蝙蝠比作"福"，鹿比作"禄"等。三是文字表达，利用汉字结构和字词意直接表达感情，最常见的有"双喜"、"寿"、"丰"等造型各异的文字图案，"丹凤朝阳"以日字为中心，两边是对称的飞翔的凤凰，四周剪以朵云图案。这些独到的表现手法简单、直白，且意味深长，给人画外有话、妙趣横生的感受。

大黑山剪纸艺人有高晓莉、朴迎春、任长贵、邢世红、顾少华、阎淑芬、薛怀雨、王淑珍等数十位老人和一批中青年剪纸新秀。

高晓莉的剪纸承袭家传，作品反映传统神韵、民俗风情和现实生活，既有北方剪纸的粗犷简约，又有南方剪纸的工整细巧，线条流畅。朴迎春的姥姥是满族正黄旗人，保留了较多的满族文化传统和民族风俗，朴迎春受此影响，剪纸作品古朴浑厚，寓意幽远。任长贵的剪纸细而精，其作品《龙腾蝶舞庆奥运》剪纸由2008只蝴蝶组成9条长龙，宽1米，长50米，蝴蝶翅膀的图案构图巧妙，出人意料。

大黑山剪纸虽然与金州剪纸一脉相承，但是在长期的发展中具有了一定的艺术个性，其剪纸的时代色彩在大连剪纸中是比较突出的。

瓦房店东岗剪纸

红沿河镇，原名东岗镇，此地山多，濒临大海。历史上，当地男人或渔

东岗剪纸·花仙子　作者：杜岩

或农，较为清闲的妇女则用剪纸相互交流，自娱娱人，抒发情怀，一来二去，剪纸就在此地和周边地区流传开来，并且产生了影响。东岗剪纸是大连剪纸中不可忽略的一部分。

东岗剪纸以农民和渔民日常生活中的所见、所想、所用为表现内容，祈福纳祥、婚丧嫁娶、建房上梁、生子祝寿、出海打鱼、民俗节日，均可以在相应的剪纸图案中得到反映。海边人粗犷率直，受文化背景和地域条件的制约，东岗剪纸的图案大多简洁、淳朴、现实，因而其手法极为朴拙，剪法单一。剪纸人想剪什么就剪什么，无须画图，将纸张折叠几下，用对称法和阴阳结合剪法，手随心动，剪跟手走，上下左右，大刀阔斧。几剪子下来，一幅剪纸便跃然而出，看上去清新、干净、直观，很少繁工赘剪。

已故剪纸艺人宫巧玲和史韩氏的剪纸曾在东岗民间广为流传，目前剪纸技艺突出的老艺人是谢瑞玉，其姥姥和母亲、姨妈都是当地剪纸高手，她的剪纸除受家族剪纸熏陶外，也受史韩氏剪纸影响。谢瑞玉的女儿关玉晶、关玉环也深得东岗剪纸的真传，还有遇慧敏、杜岩、李明秀等人的剪纸都具有东岗剪纸特色，代表了现在东岗剪纸的最高水平。

刻纸和撕纸

刻纸源于剪纸，刻纸时，刻刀代替剪刀，还要有蜡板作为底衬，常在宣纸、花纹纸或者普通色纸上做阴刻、阳刻、阴阳刻，刻前刻后均可以在纸上

刻纸·小兔　作者：王维海

套色染色。剪纸比较随意，刻纸却必须按照画稿雕镂。刻纸与生俱来的优点是一次能刻十几张，甚至几十张，成品一模一样，可以达到极其繁复和精细的程度，这也是近年来刻纸比较多地进入大连市场的原因。

大连专攻刻纸的艺人极少，刀刻手法虽然被有的手剪剪纸艺人偶尔使用，但由于传统习惯和审美观念的影响，大连人还是崇尚手剪剪纸。

撕纸·公鸡　作者：王维海

祖籍山东海阳的王维海是个有家传渊源的专业剪纸艺人，剪纸、刻纸俱佳，尤其是手剪千幅鱼、千幅蝴蝶系列，变化多端，活灵活现，千幅喜花系列也形色不凡，喜气扑面。他出版过多本剪纸集，在中国剪纸界算得上是一位手下有活儿的名家。

王维海的爷爷以种地为生，闲暇时节为别人糊炕、糊吊棚、剪花样、刻蓝印花布漏版，每年腊月二十三把窗花和挂笺拿到集市上，剪刻一年卖一天，补贴家用。王家有许多清末民初的剪纸、刻纸花样，是夹在旧衣服里压箱底留下来的，剪、刻手艺传到王维海这一代都有了创新和发展。王维海自制刻刀和底衬，用纸广泛，自配颜色，刻纸作品精巧细腻，单色清爽典雅，套色浓淡适宜，粗犷处大气壮美，细微处肉眼难寻，现剪现刻，观者赞叹。王维海认为民间艺术是相通的，由剪纸而起，他会蜡染，会刺绣，剪刀不在身边时，以手代剪，也可以创作出一幅粗犷大气、古朴传神的别样剪纸，产生一种稚拙简洁的美感，手法之妙，动作之快，令人赞叹，堪称一绝。

金普新区的宁瑞金是专攻刻纸艺术的后起之秀，36岁时才学会了微刻技艺，并在朋友的建议下开始钻研细纹刻纸技艺。其实宁瑞金刻纸是有家传渊源的，小时候，姥姥就教过他剪纸和刻纸，工作后他又对绘画和雕刻情有独钟，其书法、篆刻和国画修养超出常人。细纹刻纸是从浙江乐清民间盛行的剪纸“龙船花”演变而来的，已有700多年历史，是国家级非物质文化遗产项目，宁瑞金看好它正是因为这一点。

刻纸·观音　作者：宁瑞金

细纹刻纸的第一步不是刻纸，而是磨刀。宁瑞金首先把钢条切成段，磨出各种开口的尖细而锋利的刀刃，有几十把之多。他嫌传统的刻纸蜡板干不了细活儿，就换成不伤刀不伤纸的硅胶板。刻纸时，在宣纸上每下一刀都非常仔细，容不得半点儿闪失。有的一幅作品要刻几万刀，刀刀入微，错落有致，手不颤，气不乱，历经月余，始终如一，稍有不慎就会前功尽弃。他的作品毫发毕现，最细的地方只有0.1毫米。初干时常被刀刃割破手指，后来就能以刀代笔化纸为墨了。传统的细纹刻纸线条相对保守，而他的作品，线条舒展灵活，刀工有力道，十分见功夫。其表现山水、花卉、动物、人物等题材的刻纸不仅栩栩如生，而且神韵充沛，具有细纹刻纸精致、细腻和小巧玲珑的立体感。除了单幅作品，宁瑞金还创作了细纹刻纸连环画《狂人日记》和《将相和》，分别由构图饱满、形象生动的40多张图案和50多张图案组成，排列长度都在10米以上。一块块方寸大小的彩宣和一把把筷子般大小的刻刀构成了宁瑞金创造美和抒发内心情感的广阔天地。

剪 影

剪影是剪纸的一种，主要是通过剪出外轮廓的优美造型，完全舍去内轮廓的方法，来表现人物、动物、景物。剪影不同于一般剪纸，剪纸可以凭想象天马行空般地自由用剪，而剪影首先要求写实，通过精确的表现形式，让人意会和想象，无声地传递心绪，形神兼备是上品，许多剪影艺人都很看重这一点。

大连许多技艺娴熟的剪纸艺人，像韩月琴、王维海等人都会剪影。王维

剪影 · 自然法则 作者：宝纳

海的剪影逼真传神，似静似动。韩月琴于2008年北京奥运会期间在祥云小屋中表演剪纸时，很有创意地将生肖剪纸和人物肖像侧面同时剪在一张红纸上，为被剪影者送去吉祥。她为国际奥委会官员现场剪出并送出的生肖加肖像剪纸被视为珍贵礼品加以收藏。

大连专门从事剪影的人不多，宝纳（王瑛）最有名气。因为父亲是职业画师会剪影，宝纳从小就有一定的美术功底，经常以小手为剪刀在空中剪动，慢慢地学会了剪影，坚持了几十年，至今已剪出数千幅剪影作品。宝纳剪影时，眼看、心动、手剪，瞬间完成，微妙传神。

剪影通常都是剪出人物的侧面，图案单一，意义浅显，但是宝纳却在保留剪影基本要素的前提下努力为剪影开拓领域，增添新意。比如她的剪影作品《打工者》，从影像和脚下的行李就能看出打工者的农民身份，从身后的绰绰楼影就能体会出打工者身处异乡的孤独。她将自己对打工者的同情之心，也或许是怜悯之意，用剪刀倾注在一张小小的剪影之中，黑色的影像在纯白的纸张衬托下产生浓厚的沧桑感，给人以强烈的感染力。《三毛盼上学》、《善变的眼神》、《天使》，也都是这样的优秀之作。这种取材于平民生活，有主题思想的剪影，是剪影从单纯写实到主观创作的艺术进步，为现今大众所需要和喜爱。

熏　样

在没有影像复印设备的过去，怎么能让一幅剪纸花样重复使用或留给后人呢？老辈大连剪纸人有一种很古老的办法——熏样，也叫熏花，大连市高新园区凌水街道栾金村的张启玉老人至今还在使用。

张启玉祖籍山东长岛，姥姥会熏样，妈妈会熏样，他7岁时跟妈妈学会了熏样。熏样是他剪纸的第一个步骤，再经过备花、铰花、贴花，才见艺术效果。

熏样首先要有剪纸花样，张启玉老人讲，他姥姥传给他妈妈的花样有三大本，装满一个小木箱，足足有300多个样，大部分被别人毁了，他手中只有五套40个样。以前农家的剪纸大多是窗花，那时的上启窗都有8个格，剪原始花样的艺人就必须熏出一套8个样。

熏样时通常先把熏花纸铺在木板上，再把花样放在熏花纸上，洒上清水

八宝熏样　张启玉家传

润湿，沥掉多余的水分，左手擎木板，右手拿着点燃的蜡烛或油松条或煤油灯在下面来回熏，熏时掌握好烟的接触面，不能把花样燎煳。张启玉妈妈熏样是铺在面板上，叫他当帮手，在火铲子里放点儿灶膛灰，倒上点儿煤油，点上后烟大熏得快。熏好后，慢慢地把熏花纸从木板上起下来，放到火炕上去烘。半干时用手指在熏花纸下轻轻上弹，把花样和熏花纸剥离开，太湿太干都不行，怕把花样弄碎弄坏。把熏黑了的花样用镊子取下来，下面就是白色的花，这就是熏样了，一个剪纸花样只要不破损就能重复使用。使用一种特殊技艺，熏样还可以放大或缩小。

备花是把几张铰花纸对齐叠放，一般是8张左右，再多了厚，铰出的花样上下不一样粗细，也不能太少，少了不出活儿；再把熏样摆放在纸上，用线缝好，放到被垛下压着，铰一个拿一个，一次铰成8张，贴到窗上叫大家欣赏。

张启玉7岁会铰花、熏样，但是直到现在也赶不上他妈妈，主要是因为现在用的大红纸和蜡光纸又厚又脆，不如那时用的熏花纸柔软绵薄，所以他不得不把熏样加粗改造。他把这门像活文物的热技艺传给了两个外孙。

曾经，熏样是剪纸人长久以来复制剪纸花样的唯一手段；但是现在，与其说熏样是一种剪纸工艺，不如说熏样的过程已成为一种观赏性很强的表演艺术。看着在袅袅黑烟缭绕后渐渐显现的白色花样，不禁为老辈剪纸艺人的聪明智慧而折服。

普兰店剪纸·海娃　作者：马万松

长海剪纸·如意祥和　作者：刘荷花

旅顺剪纸·猫趣　作者：李洪广

说大连剪纸遍地开花，一点儿不假，除了庄河、金州、大黑山、瓦房店东岗的剪纸早已闻名于世，并且成为非物质文化遗产项目以外，大连其他地区还活跃着大批老中青剪纸艺人。他们有的剪风传统，有的偏爱创新，身怀绝技者大有人在。

以马万松剪纸为代表的普兰店剪纸，题材以海洋生物为主，时而写实，

剪纸·太平盛世　作者：李金花

剪纸·鱼　作者：王维海

剪纸·花瓶　作者：冷久松

时而夸张，海味山韵十足，剪工一流，表达了作者和当地群众对大海和田野的眷恋和热爱。旅顺的李洪广擅长剪动物、人物和花卉，都是生动传神之作。长海县的刘荷花是岛上老一辈人中杰出的剪纸艺人。目前长海诸岛上从事渔家剪纸创作的艺人有百余人，崔国宝和陈黎明的作品最有代表性。新老剪纸艺人以海岛传说和海洋生物为原型进行剪纸创作，海味十足，在细腻的剪工中表现出渔家人的豪放及对美好生活的赞美和向往。长海剪纸以鲜明的艺术特色在大连剪纸中占有重要地位。

另外，大连城区的资深剪纸艺人张春荣，美术功底深厚，从事美术教育30多年，将剪纸从民间带到课堂，又从课堂带入社会，始终与剪纸为伴，以教授剪纸为乐，是大连剪纸活动的主要组织者之一。其剪纸风格突破传统，以现代题材的画面和精致细腻的剪风取胜。师承姥姥和妈妈的冷久松小时候买不起纸张就从剪裁树叶开始练习剪纸，终成名家。她的剪纸常常采用套色和剪后拼贴的手法，构图严谨，厚重美观，给人一种立体观感。杨寿领的剪纸个性鲜明，多有新意，画面简洁明了，剪工细致入微，洋溢着喜庆和谐气氛。李金花善于剪团花，其风格继承了中国民间剪纸的传统，对称圆润，

剪纸·祖国万岁　作者：张春荣

剪纸·公鸡　作者：杨寿领

剪纸·恭贺新春　作者：王桂芝

中规中矩，非常符合大众审美观，看上去赏心悦目。孙吉勋、王桂芝、于洁夫、李梅园等人都是目前活跃于社区、有很高造诣的剪纸者，大连剪纸艺人遍布城乡，举不胜举。

大连剪纸具有广泛的思想基础和深厚的生存土壤，生命力极强，这一方面同人们长期形成的观念紧密相连，另一方面又同人们的生活追求密切相关。透过民间剪纸的纹样和装饰现象，可以领略到大连地区某个时期某种文化的具体表现。剪蕴中华情，纸开民族花，伴随着大连的城市化和现代化，大连剪纸还将在街道社区、在乡镇村屯、在校园教室、在炕头窗口，在大连的各个角落，继续进行永不谢幕的演出。

皮影篇

亦真亦幻巧弄影

古人有“汉妃抱娃窗前耍，巧剪桐叶照窗纱”的民谣。如果说“巧剪桐叶”是剪纸，那么“窗前耍”和“照窗纱”就无疑是皮影了，从中可以看出皮影与剪纸的渊源。

皮影这种民间艺术，曾因贴近生活和现实，贴近广大民众而流传甚广，清末民初全国盛行，包括整个大连地区，复州、金州、普兰店和庄河更是兴旺发展之地。看皮影戏是当时百姓最喜爱的娱乐形式之一，甚至是一种生活方式，但是现在逐渐被现代娱乐形式和表现手段所代替，只是在特定环境下表演，人们看重的是它的历史文化价值和对它的保护传承。

皮影戏让观众通过白色幕布观看平面偶人表演灯影，是中国民间艺术中唯一一种在舞台上表演的平面艺术。“两手托起千秋将，孤灯照出万古人”，它的艺术魅力就在于造型艺术与戏曲艺术相互交融和影响，庄谐并作，共同构成了独有的美学意味。皮影戏以其风格独特的造型和夸张的形象在民间艺术的艺坛独领风骚。

平面偶人俗称“影人”，是制作皮影的艺人手工刀雕和彩绘而成的皮制品。先前是用草纸相粘，在上面绘图、剪刻、着色，后来发现驴皮透明，制作影人可以分辨出颜色，便改用驴皮，所以皮影也叫驴皮影。

复州皮影戏、金州皮影戏和庄河皮影戏中的影人及道具都是用驴皮制作的，老一辈皮影戏艺人都会刻皮为影，手艺都是辈辈传承的。瓦房店市得利寺镇的皮影戏艺人宋国超，复州的皮影戏艺人孙德深和金州、庄河皮影班的老艺人都有不少旧时的影人藏品，那些影人是戏班演出的道具，更像一件件精美的民间艺术品，形象生动，呼之欲出。

影人的制作工艺较为复杂，堪称高超的艺术创作。制作方法大同小异。程序是首先将驴皮放在缸中发酵，待毛发自然脱落，残肉腐烂后，取出吊在架子上，四面用绳子绷紧，用铲刀刮去残存的毛发和肉，反复刮，直到将驴皮刮平、刮净为止。然后将驴皮剪裁分割，背部厚做影人腿，肚子薄做影人头。驴皮晾干后，用平板在桌子上压平，然后在纸上绘画，贴在驴皮上，或直接在驴皮上绘画。绘制的图画干了以后用刀雕刻，人物形象都是按古代戏曲中的人物形象进行雕刻的。雕刻讲求刀法，刀刃上下立住，走直，刻出的影人两面一样。雕刻手法与剪纸、刻纸类似，根据影人和景物的不同有阴刻和阳刻之别，刻线有虚实和暗线、绘线之分。敷彩上色也很讲究，以红、黄、青、绿、黑为主色，虽然种类不多，但老艺人善于配色，再加上点染的浓淡含露之变化，色彩异常绚丽，表演起来，在灯光的照射下，通体透明，每一个脸相都是内心世界的表达。

影人是皮影戏的主体，它的结构颇具巧思。为了动作灵活无碍，一个完整影人的形体从头至脚有多个部件，在人物“骨眼”处以用牛皮制成的枢钉或用细牛皮条搓成的线缀结，组装成一个能上戏的影人。

为了表演，还要在影人身上装置三根竹棍做的操纵杆。文人和武人的动作不一样，文场人物和武场人物的三根操纵杆装置的位置也不同。

此外，艺人在制作皮影时还十分看重发汗烫平工艺，让敷彩经过适当高温吃入驴皮内，让驴皮内保留的水分得以挥发，使皮影色泽鲜亮，久不褪色。

复州皮影戏

复州皮影艺术活动距今有300多年的历史，真正活跃和盛行的时间是在清嘉庆年间，是在河北滦州和山东登州皮影艺术活动的基础上发展而来的。复州皮影戏现已入选联合国教科文组织非物质文化遗产名录，正式成为世界非物质文化遗产项目。

从地域上，复州皮影戏分为南、北两派。北派是指活跃在复州城内和城

复州皮影班在演出　大连市群众艺术馆资料

北各乡镇等地的皮影班，这些皮影班受河北滦州皮影戏的影响，演出的剧目有剧本（影卷），按剧本进行演唱和道白，被称为“翻书影”或“卷影”，表演舒缓抒情。南派是指复州城以南地区的皮影班，这些皮影班受山东登州皮影戏的影响，演出的剧目没有剧本，是艺人口传背诵下来的，演到某种场合和情节时，都有固定唱词和道白，表演火爆。因为没有剧本依据，没词现编，演出的节目质量粗糙，不如卷影文雅。大约在20世纪30年代，南派皮影班也开始唱卷影，南、北两派在表演上逐渐统一，表演的剧目都是一样的。由于演出时演员完全照搬剧本，鲜有发挥，因此复州皮影戏基本上保持了传统剧目的原汁原味。

复州皮影戏的舞台一般都是3平方米左右，竹竿支架，竹箅子支棚，棚顶和左、右、后三面用青布遮围，前面放一张长条桌子堵住台口，用一条长约2.5米、宽约1米的白布做影窗（影人舞台），两边用木框支起来，放在台子前边的桌子上，稍微向外倾斜，顶端用绳子和棚顶连接。表演影人时需要光源，以前是一盏四个捻的油灯，俗称灯壶子，现在是电灯。演员分前后两排坐在影窗后边，前排左侧是拿影的（导演），中间是贴影的（要影的人），右侧为司鼓（锣、鼓、板、钹全由一个人打）；后排是乐队，拉主弦的在中间，其他乐手在两侧。伴奏的乐器有锣、鼓、板、钹、大四弦、笙、扬琴、双铜管、小牛角、唢呐、葫芦头等，其中大四弦、双铜管、小牛角和葫芦头是复州皮影戏独特的伴奏乐器，特别是大四弦，音色浑厚、柔和，观众尤其爱听，是复州皮影戏的主要伴奏乐器。

复州皮影班最早用的影人高约8寸，后来观众多了，离影窗远看不清影人，就改用12寸的大影人。皮影班全体人员都参加演唱，剧中的生、旦、净、末、丑等角色都由皮影班人员扮演。从前皮影班没有女演员，男唱女腔时要掐着嗓子唱，模仿出女人的声音来。演出的影卷大部分是从关内传来的，现在遗存的手抄影卷尚有200余部，时间最长的可上溯到清光绪末年。常演的作品有《万宝阵》、《界牌关》、《樊梨花征西》、《呼家将》、《岳飞传》、《水泊梁山》等几十部，演出的内容涉及帝王将相、才子佳人、神仙狐鬼等，几乎应有尽有。百姓愿意听什么看什么，皮影班就唱什么演什么，无论在什么场合演出，剧目一般都不固定。复州皮影戏的演出主要用于庙会酬神、唱喜彩、唱愿彩，以及庆丰收、酬天地。

影窗　大连市群众艺术馆资料

灯壶子　大连市群众艺术馆资料

复州皮影戏在不断演变中形成了几个比较主要的皮影班，著名的有温家班、孙家班（德胜班）、韩家班和义和班，现在仍在坚持演出活动的皮影班有德胜班和义和班，传艺方式大多是师徒传承，也有家庭传承方式。义和班的班主宋国超和德胜班的班主孙德深是复州皮影戏的代表人物，两人很早就子承父业，都掌握复州皮影戏中的操影、司鼓、演唱、伴奏和编导等各种技艺，演唱中都能扮生、旦、净、末、丑各类角色，以不同的唱腔塑造出个性迥异的人物，操耍技巧高，唱功好。宋国超善于改编旧剧本，加工改造刻制影人，沿袭家传技艺的同时吸取其他地区皮影戏艺术精华。孙德深在表演中主要负责唱影和司鼓，刻制的影人刀工细腻、人物传神。两人同为复州皮影戏第三代传承人，也都有下一代家族传承人。出生于复州湾镇的牛正江对流传于当地的皮影戏颇有心得，刻影、操影、伴奏、演唱无不精通，特别是对复州皮影戏的音乐和理论研究，同辈人无人能及。他发表了许多有关复州皮影戏研究的作品，是复州皮影戏界权威人士。

庄河皮影戏

《庄河县志》记载，清嘉庆、道光年间，河北滦州皮影戏传入辽南，由盖县传入庄河，与当地的语言、民乐结合，形成了有辽南特色的庄河皮影戏。

庄河皮影戏有翻书影和本地影两个派别。翻书影受关内来的民间艺人影响，水平较高，在唱腔和乐队的配备上比本地影技高一筹。本地影唱腔在风格上与辽南地区二人转、单鼓、民歌颇近似，有浓郁的东北地方音乐风格和说唱音乐的特点。此外，本地影唱调简单，剧情进展缓慢，剧目来源不足，没有翻书影发展快流传广，后来两派皮影戏趋于统一。

庄河皮影戏的演出形式比较简单，只需在一高台上支起一幅宽3尺、长7尺左右的白布作为影窗，艺人在窗后借灯光操纵影人于影窗之上进行表演，演唱者在幕后唱、道白、演奏。一台皮影戏至少需要6人，分拉、打、贴、拿四大项。拉为主弦演奏者；打为司鼓，起指挥作用；贴为下影，辅助拿影者操纵影人表演；拿为上影，是影人的主要操纵者，并兼排影工作，即安排上场人物和场面。演出时参演人员分坐前后两排，前排为拿影者、贴影者和司鼓。伴奏乐器可多可少，乐队分文场吹拉和武场打击两大部分，乐器与复州皮影戏使用的乐器大致一样。

庄河皮影戏的唱腔有平唱和硬唱两大类，平唱上仄下平，硬唱上平下仄。按唱法又分大、小、杂三种：大嗓不掐嗓，用真嗓演唱，粗犷浑厚；小嗓多用假唱，大部分掐嗓，发音纤细刚脆，柔美委婉；唱杂的由唱大的或唱小的兼任，多真假嗓结合，即阴阳嗓，道白、唱腔好用方言土语，不上韵。不论用哪种唱法，好的皮影戏演唱者都会把自己扮演的角色性格和不同情感淋漓尽致地表现出来，刚健、柔韧，细、柔、横、粗、烈，有一种田野般的朴实。

庄河皮影戏从古至今都使用8寸影人，影人分头茬和身子两部分。每支演出队伍拥有60多个影身（影人的身子），按生、旦、武、丑排列，按行当可共用。

庄河皮影　大连市群众艺术馆资料

根据观众需要，庄河皮影戏大致分为乐影、愿影和会影三种形式。乐影用于家庭办喜事、为过世老人烧周年、小孩满月、老人过生日等；愿影多用于家庭为某一件事许愿兑现后请皮影班演出；会影是村、屯各家各户集资请皮影班唱影，多是用于娱乐观赏的演出。庄河皮影戏早期有耿家班、景家班两大皮影班，目前只有耿家班还能坚持演出。

庄河皮影戏技艺也多为师徒传承，也有家族传承。太平岭满族乡歇马村的李德仁是庄河皮影戏的第三代传承人，能熟练掌握庄河皮影戏唱影和拿影技巧，他潜心搜集整理相关素材，编撰影卷。

庄河皮影戏早期多以小段为主，民国后形成影卷，卷头较大，以长篇传统历史故事居多，主要剧目有《血水河》、《粉妆楼》、《罗通扫北》、《盗马关》等50余部，还有带有鲜明时代特征的新编剧目20余部，代表作是《刘胡兰》、《雷锋》、《肖飞买药》等。

庄河皮影戏在满族聚居地区延续发展，生存在满、汉民众之中，受满族民间文化影响，具有鲜明的满族特征。

金州皮影戏

流传于辽宁南部及东部地区的金州皮影戏有约130年的历史。清朝末年，在金州副都统的支持下，衙门笔帖式（文书）阎传家，带人赴唐山一带学习皮影戏，将唐山皮影戏一整套制作和表演艺术移植于金州。他就在副都统衙门的院子里，领人演练皮影戏，并且经常在金州乡镇村屯演出，将技艺传授给当地民间艺人，金州皮影戏由此广为流传。

金州皮影戏属南派影，在音乐唱腔上与北派影截然不同，尤其是女腔更为突出。在风格上与辽南地区其他民间音乐（如二人转、单鼓、民歌等）颇为相似，具有浓厚的东北地方音乐风格和说唱音乐的特点。伴奏乐器以四弦为主，也有以板胡（艺人称“半拉瓢”，即大板胡）为主的。

金州皮影戏按唱腔分为两派。一派为唐山皮影，又称“关里影”，以乐亭、滦州一带语言音韵为特色，故又称“乐亭影”、“滦州影”，唱腔多变，计有“歌嗟腔”、“反秦”、“两道子”、“五字锦”、“大悲调”、“小悲调”等32个曲调，盛行于二十里堡、大魏家、大连湾一带。另一派为归州影，曲调较单一，流传于大李家和华家屯一带。

历史上较好的艺人有阎传家（旦）、温德志（刀马旦）、阎培桐（丑）、张景波（丑）、于连珠（拿影）。20世纪30年代，金州皮影戏艺人张景波最负盛名，其徒辈赵润田、耿锡田、由世成等人也很有影响力。

20世纪六七十年代，金州出现了以郎世珊为代表的搞金州皮影戏音乐创作的农民作曲家。自1965年冬开始，郎世珊奔走于乡间，采风不辍，集几十年心血，挖掘整理金州皮影戏音乐，其26种曲牌唱腔和音乐多为现存民间皮影戏艺人的口头留传之声。

1958年以来，金州皮影戏的发展受到阻碍，但在民间至今仍有皮影戏的传承者在创作和表演。

金州皮影戏的演出形式非常简单，只需在一高台上支起一幅宽3尺、长7尺左右的白布（早年用粉连纸，现大都改为漂白布或化纤制品）作为影窗，艺人在窗后借灯光操纵影人于影窗之上。演唱者都在幕后唱、白、奏，影人在幕上表演，形成一种真假人合一的表演艺术。演出的剧目有剧本，有固定词牌，如妇女坐楼时用的坐楼篇、思夫篇，赶路时用的行路篇、行车篇，出

金州皮影　大连市群众艺术馆资料

征时用的行兵篇，打猎时用的行围篇，以及观花篇、观书篇、讲情篇等。

金州皮影戏剧目的内容多是描写封建社会历代朝廷和民间历史故事，有写忠奸之间斗争的，有歌颂江湖游侠、绿林好汉的，有描述家庭生活的，也有反映社会生活中道德伦理方面冲突的，所表现的题材比较广泛，内容丰富。主要传统剧目有《封神榜》、《施公案》等82部。在艺术形式上，有民间说唱鼓词的特点，擅长叙事，追求离奇夸张的效果，并且绝大多数是大部头的连续故事，内里人物繁杂，唱词连篇，最长的影卷可达100本之多，能演唱数月之久（每日以4至5小时计算），最短的也可唱三五个晚上。单折戏在金州皮影戏中为数不多，有10余部。

除传统影卷外，解放后有关部门还组织人力编写了一批反映革命历史和现代生活题材的新影卷，如《刘胡兰》、《雷锋》、《红色娘子军》等，这不但给金州皮影戏增加了新的内容，也使它在艺术形式上得到进一步发展。

皮影戏传入金州安家落户以后，就入乡随俗，很快和金州人的生活习性、风俗习惯融合起来，形成了金州皮影戏比较明显的地域特色和很规范的表演程序。在表演过程中，金州皮影戏往往将戏曲、民歌、二人转、大鼓、舞蹈、武术等多种艺术形态融为一体，影像鲜活生动，唱腔圆润细腻，极具观赏性、娱乐性和趣味性。

大连市群众艺术馆群艺木偶皮影剧团

2005年，大连市群众艺术馆在瓦房店益平剧团的基础上成立了大连市群众艺术馆群艺木偶皮影剧团。恰好在这一年，国务院下发了《关于加强我国非物质文化遗产保护工作的意见》。剧团成立一年后，大连市评定了第一批非物质文化遗产项目，复州皮影戏入选项目名录。紧接着，经过市、省两级文化部门评审推荐，复州皮影戏又成为第一批省级和国家级非物质文化遗产。包括复州皮影戏在内的大连皮影戏生存环境堪忧，难以为继，大连市群众艺术馆群艺木偶皮影剧团的成立，以及它随后进行的活动和产生的影响，反映了大连市群众艺术馆在保护和传承大连传统民间艺术方面的强烈责任感、使命感和远见卓识。

剧团演职人员有20多人，演员朝气蓬勃，剧团生机盎然。因为脱胎于复州皮影戏，这个剧团的表演技艺和风格与复州皮影戏有许多相似之处。实际上，这些年轻人无论是对皮影戏的认识，还是对皮影戏技艺的使用，都是从向老皮影戏艺人学艺开始的，所以他们的皮影戏原生态味道很浓，是对国家

大连市群众艺术馆群艺木偶皮影剧团在演出　大连市群众艺术馆资料

皮影戏·三只猴子　表演者：大连市群众艺术馆群艺木偶皮影剧团
大连市群众艺术馆资料

级非物质文化遗产项目复州皮影戏的保护和传承，是对中国传统民间艺术的继承和弘扬，也许这些热爱皮影戏，把演皮影戏当作职业的年轻人尚没有完全意识到自己所从事的工作有这么大的意义。

不仅如此，他们还在此基础上努力学习，勇于革新，皮影戏所表现的内容除了传统和现代剧目以外，还增加了儿童剧，如孩子们喜爱的《三只猴子》、《打狼》、《卖火柴的小女孩》等。其中大型皮影戏《卖火柴的小女孩》首次采用大影人、大影窗和人偶同台的表演方式，影窗高6米、宽12米，配以皮影特技操作和灯光效果，演出效果前所未有。

这些皮影戏表演者每年都要到校园、社区、乡村巡演，现在，他们已经十分老到，能经常到辽宁省和全国举办的皮影戏大赛上与各地区的老皮影戏艺人同台竞技。雏凤清于老凤声，他们唱嗓清脆圆润，操影洒脱灵动，由向老艺人学艺，到与老艺人平分秋色，再到逐渐实现超越，声名远扬到国外。

校园里的孩子欢迎他们，是因为他们给孩子们带去了欢乐，满足了孩子们的好奇心，让孩子们见识了皮影这种奇特的民间艺术作品，感受到皮影戏的无穷魅力；社区居民和乡亲们喜欢他们，是因为他们让人感到亲切，满足了大家的娱乐需求；文化部门支持他们，是因为他们的存在标志着大连皮影艺术后继有人。他们应运而生，乘势而强，是一支很有希望的队伍，是在大连田野上茁壮成长的一朵民间艺术奇葩。

皮影艺术曾经在大连地区，尤其是广大农村，为民间所广泛认同，对弘扬中国传统文化、传播文化知识起到了积极的作用。尽管皮影艺术是中华民族艺术中不可缺少的一颗璀璨明珠，在国际上被推崇为“电影始祖”，据说，现在流行的卡通片也是受皮影的启发而诞生的，但是时至今日，皮影已不再兴旺，过去那些单靠表演皮影戏养家糊口的走村串街的艺人早就难以维持生计，瓦房店宋国超的义和班、孙德深的德胜班，以及金州和庄河的皮影班只能在小范围内或特殊情况下进行零星场次的表演，后继者对皮影奥妙的领悟和对皮影戏中的一些绝活儿的掌握尚欠火候。大连传统皮影班都是民间自发组织的，没有经费来源，从业人员相对不固定，特别是老皮影戏艺人去世或改行以后，这门古老的、主要靠口传心授的艺术将濒临绝境。

但是，大连皮影戏艺人，特别是老一辈皮影戏艺人，不甘心就此舍弃老祖宗留下来的这门技艺，他们肩扛影箱，怀抱乐器，奔波在乡镇村屯，不论报酬多少，不论条件好坏，招之即来，利用一切机会展示皮影魅力。他们像老农一样淳朴，有一双粗糙的手和一张饱经风霜的脸，佝偻着身子，在陌生人面前不善言谈，甚至有些木讷。然而一旦架起影窗操起影人，扯起嗓子唱起影调，就精神抖擞，容光焕发，像变了一个人似的，只是面对着越来越少的观众，他们的唱腔越发沧桑，面色越发严峻。但是他们没有绝望，始终保存着几代人的影人，顽固地向子女或其他亲属传授皮影戏技艺，在现代化影视面前千方百计地捍卫着皮影的尊严。有他们在，大连皮影就不会消失，即使人不在，人们也不会忘记他们。现在，大连市政府和各级文化部门已经把复州皮影戏、庄河皮影戏和金州皮影戏作为非物质文化遗产项目保护起来，大连市群众艺术馆也成立了由年轻人组成的群艺木偶皮影剧团，使大连有了新一代皮影戏艺人。民族文化之光产生的传统艺术之影固然已经走过了它的兴盛期，但在乡镇村屯里仿佛仍然听得见皮影戏艺人那高亢粗犷的说唱。

木偶篇

以物象人看傀儡

木偶，拿在孩子手里是一件玩具，由人操纵，在舞台上蹦蹦跳跳，有说有唱就是木偶戏。木偶艺术源于汉，兴于唐，是一种有着独特魅力的古老艺术，人们往往将它与平面偶人的平面艺术皮影戏相提并论。清初至大连解放前的几百年间，金州、复州等地区，每逢民俗活动时，庙会、集市上常出现一些操辽北、辽西口音的外地木偶班社撂地支起“杖头”（表演杖头木偶的道具），为熙熙攘攘的人群演出神话剧或古装历史剧，当地百姓祖祖辈辈在这种氛围中耳濡目染。大连解放时，曾有人在旅顺龙王塘演出新木偶剧《兄妹开荒》。在民间，一些百姓有兴致时常舞弄由自己制作的小指偶、小布袋偶，后来这种形式又多出现在幼儿园、小学里，被当成联欢演出或者做游戏时的小节目，给孩子们带去许多欢乐。木偶戏表演气氛很是活跃，大连人把它称为“葫芦头戏”。

20世纪70年代以来，大连陆续引进了不少辽西木偶剧目，在技艺上同辽西木偶戏有着渊源关系。大连地区可查到的木偶戏传承人是教师出身的林乐鹏，他曾去北京师从辽西木偶戏第二代传承人、中国木偶艺术剧团木偶制作艺术家索万金，也曾组建了大连市沙河口区玉华小学木偶剧组，最盛时期人员达60多人，演出达百余场。

大连木偶戏具有造型艺术、表演艺术、舞台美术及舞台音乐等多重性。

大连木偶戏造型艺术将雕塑、绘画和表演相结合，塑造人物形象时，着

木偶艺人在传授表演技艺　大连市群众艺术馆资料

重于人物形象本身的刻画，表现人物本身的形貌特征和思想品格。木偶是被人操纵表演的戏具，种类有提线木偶、杖头木偶、布袋木偶、铁枝木偶、杆式木偶等。

大连的杖头木偶一般身高是2尺到3尺，由偶头、胸腔、命杆、双臂、双手、手杆组成，是由表演者操纵一根命杆和两根手杆进行表演的。手杆也叫侧杆，与木偶的双手连接。手杆放在衣服外的杖头木偶叫外操纵杖头木偶，手杆放在衣服里的杖头木偶叫内操纵杖头木偶。大连的杖头木偶多为外操纵杖头木偶，也有少量的内操纵杖头木偶。命杆也称主杆，上端与木偶头相连，有两种结构：一种是直把式命杆，命杆的通体都是直的，这种结构适合表演戏曲人物；另一种是弯把式命杆，命杆的下端是手枪把式手柄，便于表演者托举，可减轻手的疲劳，食指和拇指操纵转动装置，可使木偶头自由转向，做出低头、仰脸、左右歪头的仿生动作，这种结构适合表演舞蹈动作等。

大连的布袋木偶由头、中肢和服装组成。布袋木偶躯干上口连接木偶头，左右上角连接木偶双手，布袋前片下端连接双腿。表演者手伸到布袋之中，食指插在木偶的空腔里，中指、拇指伸到木偶左右袖管中，直接操纵双手，动作敏捷、准确、丰富。近些年来，为了丰富布袋木偶手臂的动作，改进了布袋木偶的结构，给木偶的双手装上手杆，类似杖头木偶的手杆，演员通过捻动手杆，可以做出很多动作。大连的布袋木偶结构简单，操作便利，携带方便，易于普及推广，尤其擅长演动物，《三只鸡》、《鸭子和狼》、《青蛙与盒子》等都是布袋木偶戏，非常受少年儿童欢迎。

大连的铁枝木偶身高90厘米，制作材料与杖头木偶的相同，结构与杖头木偶的不同，需要三人同时操作一个木偶，演员站到木偶身后表演，第一个演员操纵木偶的头杆和股杆来完成木偶头与身躯的动作，第二个演员操纵木偶的双手杆，第三个演员操纵木偶的双脚杆。这种铁枝木偶戏不需在舞台上设帷幕，能够完整地表现木偶的全身形体动作，木偶戏《卖火柴的小女孩》中小丽莎就是铁枝木偶。

大连木偶戏通过演员操纵木偶表演人物，并赋予故事情节，表现手段丰富，既是一种真实的模仿性艺术，又是一种虚构夸张性艺术。长期以来，木偶表演艺人们以惊人的操纵木偶功力，高度模仿、再现并塑造了各种栩栩如生的形象。他们擅长表现演员在舞台上难以表现的生命，如天上飞的、地上跑的、水里游的，擅长表演科幻的、幽默的以及夸张的故事情节，这是木偶戏的特殊魅力所在。

木偶的表演艺术就是赋予木偶灵魂，需要木偶演员本身具备多方面的表演才能，如歌舞、话剧、戏曲、杂技、曲艺等，还需要演员有高度准确的模仿能力。

木偶表演各种特定动作还需做替身木偶，神话木偶剧《通天河》中孙悟空要完成喷火、舞棍、翻身、飞跃等动作，这些动作都是由替身木偶来完成的。

由于木偶戏具有以物象人的特殊形式，故大多需将操纵者遮挡起来，从而决定了木偶戏舞台有特殊的结构。

除铁枝木偶以外，其他木偶的表演都是演员把木偶举过头顶表演，所以，舞台上要立一道帷幕遮挡演员，帷幕的大小由木偶的大小决定，常规用的帷幕长6米至8米，高1.6米至1.7米。舞台上的布景安装1.65米的高脚，舞台设置边幕、沿幕、天幕、帷幕等，景区设置网景、纱幕、推景、转景、吊景等，组成轻便灵活、具有框式结构的多功能的木偶戏舞台，以适应多种表演形式的木偶戏。

大连木偶戏借鉴国内外其他艺术之长，不断改进和发展舞台美术的各种表现手段，使之成为综合性的艺术。木偶戏舞台采用多种现代材料，同时借助现代科学技术手段，把声、光、电脑技术方法运用于木偶戏中，雨、风、闪电、云等效果灯具，聚光灯、追光灯等照明灯具及种种色光的运用，不仅营造了舞台气氛，而且天时变幻也得到充分渲染。

20世纪80年代是大连木偶艺术的鼎盛期，相继成立了大连市西岗区文化馆青年木偶剧团、大连虎滩乐园木偶剧团，举办了多期木偶制作、导演、表演和剧本创作培训班，对全市160余名幼教教师进行了布袋木偶、杖头木偶的技艺传授。1995年，西岗区举办首届少儿木偶艺术节，辽宁省文化厅向西岗区颁发了“辽宁省少年儿童木偶艺术活动基地”铜匾。自1984年以来，大连木偶戏多次在中央电视台播映，屡屡获奖，在国内产生较大影响，大连木偶成为辽宁木偶的希望。

20世纪90年代后期，大连木偶戏演出入不敷出，后继乏人，渐渐淡出人们的视野。为了传承和发扬大连木偶艺术，大连市群众艺术馆于2005年在瓦房店益平剧团的基础上成立了大连市群众艺术馆群艺木偶皮影剧团，该剧团自编自演，活跃在大连城乡和辽宁省内外，创作和排练表演的节目曾在国际木偶节上获奖。他们将木偶技艺与皮影技艺和现代舞台表现手法融合在一起，创作和表演了许多精湛的木偶剧目，使大连木偶戏焕发出新的生机，有望再现往日的辉煌。

现代民间绘画篇

大俗大雅农民画

大连有一种绘画艺术在国内美术界很有名气，并且走出国门，频频亮相于异国他乡，引人瞩目，享有盛誉。它不同于国画，更不同于油画、版画，也有别于一般意义上的水彩画，过去被称为农民画，现在被叫作现代民间绘画。

现代民间绘画通常是指1949年以来以农民、牧民、渔民为主体，包括其他民间阶层的业余作者所创作的绘画。这类绘画之所以曾被称为农民画，是因为它是当代民众自发的，以本土文化为土壤，以反映民众自身生活为旨趣，以作者所属的普通民间阶层的审美追求构成其风格的绘画形式，画作出自一双双长满老茧的手。这也是把现代民间绘画归属于民间艺术范畴的主要原因。

大连现代民间绘画以放任不羁的表现形式和稚拙的原始趣味取悦于人，表现手法和科学画论背道而驰，不遵循近大远小的法则，不受解剖学结构和比例关系的制约，也不追求自然色光的真实感，作者在生活感受和情感驱使下，直觉、意念和想象在创作中发挥主导作用，怎么美就怎么画，让人感觉到作品的质朴、清新和纯真、放纵。画面构思奇妙，构图大胆，造型夸张而生动，色彩鲜艳而和谐，广大观众被它所表现的饶有趣味的山韵海味所吸引，美术家则为民间画家们所创造的新颖浪漫的民间艺术形式所折服。过去，农民画作者曾成功地向人们展示过神秘的、令人遐想的意境；今天，农民画已经成为反映现实生活，以赞美歌颂为主要题材的民间绘画，作者群也不单纯是农民了，中山区少年宫就建立了现代民间绘画基地，吸引了不少社区居民和青少年前来学习。但是，它的传统和地域特色没有变，依然是基层劳动人民记录和传达人与自然接触而留下的痕迹。绘画者尽情描绘淳朴悠久的原生态民间文化，展现美丽的田园风光、热烈的劳动场面和欢快的农家渔家生活，把情感的释放和情绪的宣泄，以及生命的律动，通过绚丽多彩的画面呈现在世人面前，生动地展示出一方水土的人文风情。

大连现代民间绘画在国内外的影响不亚于大连剪纸，能与享有盛名的陕西户县、上海金山的农民画比肩而立，争艳媲美，达到中国现代民间绘画的最高水平。金州农民画早在1983年就参加了全国农民画展，1988年有34幅作品在中国美术馆展出，同年，金州被文化部命名为首批“中国现代民间绘画画乡”。庄河在20世纪80年代末涌现出一大批农民画创作骨干，1992年被文化部命名为“中国现代民间绘画画乡”。2006年，庄河现代民间绘画展在中国美术馆举办，展出作品80幅。大连现代民间绘画两次走进中国最高美术殿堂，引起轰动。2012年，金州、庄河两地现代民间绘画又在俄罗斯举办的大连现代民间绘画展上大规模展出。在1998年出版的《中国现代美术全集·农民画》和2010年出版的《中国农民绘画调研汇编》中入选的大连金州农民画和庄河农民画不但数量多，而且水平高。自20世纪80年代以来，大连现代民间绘画多次出现在省级和国家级展会上，屡屡获奖，许多作品被国内外博物馆和个人收藏，一些跨国艺术品经纪人已经开始上门商谈，代理国际市场的销售。

金州现代民间绘画

金州现代民间绘画是传统的民间绘画的延续和发展。金州在20世纪50年代出现了“大跃进壁画运动”，60年代出现了“工农兵业余美术”现象，70年代初出现了以农民为创作主体的宣传画、版画和年画，到了80年代，金州农民画开始兴起。

金州现代民间绘画走的是传统民间绘画与西方现代绘画相融合的绘画路子。在淳厚的辽南民俗风情感染下，在继承和革新传统文化的同时，金州现代民间绘画的艺人们融入现代意识和自己独特的审美感受，画民众之情，壮

金州现代民间绘画·铡草　作者：毕务福

生活之美，使自己的作品独具质朴和纯真，保持着东方艺术的特色和辽南文化的风采。

早期出现的刺绣型作品拓展了刺绣艺术中特有的技法，体现出很强的装饰性。以刺绣型出现的金州现代民间绘画，除了其形式感和装饰感以外，还体现出了艺术中的民间精神，细腻、鲜明、强烈而又质朴，逐渐显示出了粗中有细的风格，题材、内容、构图都嫁接了剪纸和刺绣等民间艺术形式。

从近期作品中可以看出，金州现代民间绘画以农民独有的审美意识，显示了自身的艺术价值，如《网鱼》、《美女和鸡》等作品，都给观众以深刻的印象。大部分作品平面构图，以意造型，以情运笔、运色，在超时空的艺术思维中，在流变组合的节律中，多元互补。像曲瑛瑜、于德利、马淑贤、毕务福、毕成瑛、葛柱兴等作者的艺术境界，均摆脱了表现具体的时空场景的拘囿，追求时空和生命的永恒性，画中的气韵、神韵、意象等，都表现了主体意识，抒发了对生活的热爱和憧憬，凝聚着劳动人民淳朴、深厚的情感和审美习惯，往往运用寓意、象征、夸张、变形等手法进行表意。作者的

金州现代民间绘画·海娘娘　作者：葛柱兴

生活中并非没有酸楚苦痛，然而他们的作品没有痛苦和伤痕的表现，这种以抒发情感、表现生活中真善美为特征的手法是中华民族特有的审美习惯的反映。他们依据客观现实，又不拘泥于对现实生活形态的模拟，而是依靠丰富大胆的想象或虚拟，创造出与人物精神面貌相呼应的自然景物，在情景融合中唤起观众的审美共鸣。

金州现代民间绘画的艺人们，不采取写生的方法作画，而是以“心记”来表现对象。因此，他们对某个物象的观察，不可能只停留在一个特定视点上，而是多角度、多侧面地观察，甚至加上自己的想象和推理，得出一个物体的特征概念。物体的特征概念不能用焦点透视方法来再现到画面上，只能用平面展开的处理方法，把几个不同的侧面有机地组织起来。如七顶山街道的朱朝臣把杯子口画成圆形，杯子底画成平的，表示可以放平的意思，是符合人们头脑里的那只杯子的形体概念的，此时，在形体上存在于人们头脑里的概念，已经不是人们眼睛直观看到的那个物体了。三十里堡街道曲瑛瑜画的《卖豆腐》，把拉豆腐车的两个轮子和驴的四条腿都表现出来，把来买豆腐的大人和玩耍的小孩画得横七竖八。马淑贤画的《牛子牛孙》用拟人的手法把想画的东西都平面展开。因为他们是画头脑里存在的东西，不停留在直观的视觉上，所以他们的作品中有的竟画出大牛肚子里的小牛、大鱼肚子里的小鱼，变形、夸张等手法能用就用。作品生动传神，以朴实、纯真的手法表达了对生活的感受，透露出日常生活的烟火味和崭新的现代精神。1983年就在金州农民画培训班学习过的王世宏20年后重拾画笔，作品《大丰收》，画的是老两口儿坐在火炕上剥花生，构图用上了太极图案，《天地人和》内容是庆丰收的，画面则是一面舞动的太平鼓，俗中见雅，拙中见美。

有很多现代民间绘画艺人都是凭印象作画的，人们对生活的印象更是多角度、多侧面的。金州农民画作者出于表现生活的需要，常把许多不同时间、不同空间、不同视角和不同物体的特征概念错综复杂地交织在一起，也常以自己为中心，通过各种不同的角度，把他们感兴趣的东西都画在一幅画里，超越了焦点透视、散点透视的表现限度，在同一幅画里表现仰视、平

金州现代民间绘画·归家　作者：郝传松

视、侧视等不同视角，构成了金州现代民间绘画特殊的现代构图形式。

现在还在金州农民画园地辛勤耕耘的郝传松是国家表彰的农民画优秀辅导员。他从20世纪80年代初就和老辅导员于振立走遍金州乡镇辅导农民画画，是金州农民画的创始人。几十年来，他一直在指导创作和组织活动，培养了大批优秀的国内学员和一些慕名而来的外国学员。他对金州农民画颇有研究，其作品不断出现在国家级专业期刊和国内外高级别的展会上，代表了金州农民画的水平和风格。他撰写的关于金州农民画的论文来自亲身实践的体验和厚重的美术理论功底，对金州农民画做出了最权威的诠释。

金州早期的农民画作者有朱超臣、孙永庆、徐忠武、马祥发等人，随后有于德利、葛柱兴、毕务福、毕成瑛、王世宏等人，后又有魏冰、王新宇、孙丽云、汪正中一批新秀。鼎盛时期，金州有近百位农民画艺人，获得国家级和省级奖励200多次，作品在欧洲、拉丁美洲等地展览，在当地引起轰动。

庄河现代民间绘画

20世纪50年代初，庄河乡镇村屯同全国一样兴起了“诗画上墙”热，当时的墙皮画可以看成最初的农民画，尽管是对浮夸风的图解，然而，农民画艺人那种天真质朴、富于幻想及传承久远的民间艺术的审美情趣也被不自觉地带进一个新的领域。在那些充满美好希望，甚至近似狂幻的稚拙图画里，作者的情感是真挚的，流露出民间艺术纯朴的美的特质。正是这种特质，后来成为庄河农民画向现代民间绘画演进这个必然发展历程的最初依据。

改革开放后，随着庄河农村经济的复苏，沉寂多年的农民画又活跃起来。曾被美术学院的素描、解剖、透视等技法知识弄得一筹莫展的农民画艺人在庄河市文化馆人员辅导下，通过创作实践，终于明白了，原来自身的民间艺术素养正是自己创作民间绘画的基础。

庄河市文化馆美术干部、优秀辅导员丁仁伦、杨洪旦等人不是用学院派授课方式来灌输，而是启发作者将民间美术的各种艺术元素和技能运用在绘画创作中，使他们的独特艺术能量得以释放，施展出他们在生活中发现美、创造美的非凡才智。

庄河现代民间绘画在平面造型、构思构图、色彩装饰效果，以及表现作者主观感受、讲究绘画含意与情调等方面都保持了民间绘画的传统模式，并在传统与现代的坐标上不断探索与创新。它主要有以下几方面特征：一是表现生活对象的生活化、典型化。从近年来创作的作品看，大都是反映社会上最普通的老百姓，特别是农民的生活，善于从农民生活的侧面和细节中发现美，大都是画生产，画丰收，画家里家外，画海岛渔民的新生活、新风景、新时尚。其中反映乡风民俗、出海打鱼、田园耕作的代表性作品有《出海》、《农家小院》、《打场》、《放鹅》、《五月槐花香》、《乡村文化大院》、《东北第一村前洼屯》等，这些作品都弥漫着本乡本土的生活气息；还有《正月十五》、《巧手村姑》、《答喜》、《坐福》等作品，是对具有庄河地区典型特色的民俗、婚俗等的描绘；此外，《老鼠娶亲》、《蛇盘兔》等反映民间传统故事的作品，有着深刻的历史风物内涵，耐人寻味。二是创作手法富有传统性。在庄河现代民间绘画中，作者把民间剪纸、皮

庄河现代民间绘画·满载而归　作者：于同乐

庄河现代民间绘画·守护者　作者：丁仁伦

庄河现代民间绘画·碾糕面　作者：张玉岩

影、刺绣、年画、雕刻等传统民间艺术运用到绘画中，使作品透露出血脉相传的民族传统文化的特点。如《春姑织锦》、《斗鸡》采用剪纸艺术符号，《中国龙》、《七贤迎春》、《连年有余》采用民间木版年画等形式，《海边啸声》、《老渔翁》、《收获》采用民间木刻、雕刻形式和拓印表现技法，使画作产生了异样的审美效果。三是个性色彩与构图的协调性。大面积平涂，对比强烈的色彩，艳而不俗，花而不乱，具有强烈的视觉冲击力，如《采山果》、《满载而归》、《春风》、《守护者》等作品。这种复杂构成关系的协调和谐，主要是靠色彩搭配来体现对整体色调的把握，用色度的深浅处理、色彩的冷暖对比以及色块的合理布局来统筹平衡，突出主题并为主题服务。这些技法在作品中巧妙娴熟地运用，形成了画面中整体部分布局错落有序、疏密有致、层次清晰的和谐效果。出自庄河现代民间绘画创作新人之手的作品，还吸收了现代装饰壁画和国画的创作技法。如于同乐的画以反映渔家生活为主，人物夸张，色彩艳丽，看似笨拙、幼稚，却传递出幽默、活泼、豁达的情趣。倪真礼的作品采取线条勾勒手法，在色彩和造型结构上

庄河现代民间绘画·肥猪满圈　作者：赵桂荣

庄河现代民间绘画·金唢呐　作者：倪真礼

庄河现代民间绘画·田间小憩　作者：孙洪艳

求得完美和谐，雅俗共赏。

多年来，庄河不仅有刘恩斌、丁仁伦、杨洪旦、潘文田、于同乐等一批对本地农民画深有研究的文化工作者，丁仁伦撰写的庄河现代民间绘画论文曾刊登在国内最权威的美术作品集中，也有一支庞大的民间绘画创作队伍，丁仁伦、于同乐、倪真礼、赵桂荣、孙洪艳、张玉岩等人都是庄河现代民间绘画领域的代表人物，作品在国内外都颇受赞赏。

栗子房镇的现代民间绘画是庄河农民画的“东风第一枝”，自20世纪五六十年代起就开展了民间美术活动，画风大红大绿，题材不离乡土。镇文化站成立以后，首任站长潘文田在庄河市文化馆和镇领导的帮助和支持下，把各村、各校的爱好者组织起来进行培训，互评作品，交流心得，绘画队伍像滚雪球一样一天天壮大。半个多世纪以来，几经更新换代，旧人出新人进，总体保持30人以上的骨干力量，三任文化站站长潘文田、于同乐、倪真礼都是现代民间绘画活动的组织者和主要创作者。根深叶茂的现代民间绘画使栗子房镇成为画乡中的画乡。2006年，庄河现代民间绘画在中国美术馆展出，参展的80幅作品中有50幅出自栗子房镇的农民画作者之手。现在，庄河市文化馆与大连大学美术学院已经联姻建立了研究生教育教学基地，共同对庄河现代民间绘画进行梳理和挖掘。

旅顺渔民画和长海渔民画

渔民画也是现代民间绘画，因其作者通常是渔民，习惯上称之为渔民画。大连海岸线绵长，地域广阔，自古以来就有人以打鱼为生，在长期的生产生活中产生了具有大连特色的海洋文化。渔民画在本质上与农民画没有区别，金州农民画和庄河农民画作者中有的就是渔民，但是，旅顺和长海的渔民专门以大海和与大海有关的事物为创作题材，其表现的主题思想更为集中和突出，其画风也更为热烈、浪漫和火辣，观赏他们的画作，如见浪花飞溅，如品海味咸腥，如闻渔歌号子。大海给了大连渔民健壮的体魄、豪放的性格和丰富的想象，渔民画作者同样没有辜负大海的赠予，回报以产生于心灵之声和拉网之手的精彩画面。大连现代民间绘画中因为有了众多的渔民画而扩展了表现内容，丰富了绘画风格，其绚丽多姿的面貌是中原和西北民间绘画无法企及的。

旅顺渔民画·渔家妹子叉鱼忙　作者：隋金凤

生活在旅顺海边的隋金凤从小就爱画画，每天放学后就在家中涂鸦，想什么画什么，随心所欲，全凭想象。结婚生子后，唯一的爱好还是画画，她以近在咫尺的大海和身边的渔家生活为表现对象，思绪像插上了海鸥的翅膀。1993年，旅顺口区文化馆请她去看金州、庄河农民画展，纯朴自然、贴近生活的农民画让与大海有着割舍不断情缘的隋金凤茅塞顿开，从此她正式走上了渔民画的创作道路。她用织网、挖蚬子和晒咸鱼的手拿起画笔，夸张、细腻、炽热地表达着对大海和渔家的感受，创作出了许多让人眼前一亮、耳目一新的精品力作，形成了自己的风格，有了不小的名气。《渔家妹子叉鱼忙》、《坠入情网的月亮》、《织渔网的女人》、《烀饼子忙》、《出海归来》、《簸虾米的女人》、《双鱼座》、《巨蟹座》等作品都是她的代表作。

《渔家妹子叉鱼忙》画面上渔家妹子身背鱼篓，手握鱼叉，正在浅海边叉鱼。一条被叉的鱼翻卷着身体试图挣脱鱼叉，渔家妹子的双手牢牢控制着鱼叉。落日的余晖映出绚丽的海面，海鸥在天空中飞翔，浪花飞溅扑打着矫健灵活的渔家妹子，海风徐徐吹动着渔家妹子的长发，更显其英姿飒爽。整个画面用色大胆泼辣，构图新颖独特，将渔家妹子的风韵、气质表现得淋漓尽致。

《织渔网的女人》画面上展现的是渔家最平常不过的场景，但在隋金凤的画笔下却别具一番情趣。一个织渔网的女人，犹如童话里的美人鱼，作者将想象中的美人鱼与织渔网的女人融合在一起，使作品更加精彩。织渔网的女人身后是一张大网，而网上有许多小鱼，仔细端详，两条鱼勾勒出女人的眼睛，两只手持鱼梭、鱼线的胳膊犹如海里的章鱼，长长的美人鱼尾巴悠然自得地在水中摇摆。这种夸张变形而且轻松活泼的画面，出自渔家女之手是相当自然的。隋金凤说："我是一个海边长大的渔家女孩，一拿起画笔，小时候赶海、挖蚬子、烀饼子、晒咸鱼的场景就一幕一幕出现在眼前。我喜欢画女孩，画她们的纯真、浪漫、美丽和青春的活力，因此我的大部分作品都是画女孩与大海的。"一位著名美术评论家看了隋金凤的渔民画后感慨地评价说："一位渔家女用手中的画笔创作出如此精彩的作品，是令人钦佩的。她用了正规学校完全不能用的手法，重新演绎和诠释了对大海的情感，是一位了不起的渔民画家。"

隋金凤的渔民画略显稚嫩，但这稚嫩并不影响它的感染力，反而使画面散发出返璞归真、天人合一的原生态味道。她并不刻意去追求完美，只是率意畅情任意挥洒。其作品的艺术魅力之大可能连隋金凤自己也没有完全意识到，而这却是许多专业美术家很难达到的境界。

同旅顺渔民画一样，长海渔民画主要由当地渔民根据自身生活创作，体现了岛上渔民的绘画风格，具有独特的艺术魅力。

现代民间绘画是一种新兴的民间艺术形态，着重反映现实生活中美好的一面，但又不拘泥于一般的生活现象，这一点已经被大连劳动者的画笔演绎得有声有色，十分壮观。他们的画作已经形成了个性鲜明的地方特色，既下得了农民和渔民的庭院，又上得了美术界的最高殿堂，雅俗共赏，大俗大雅。庄河、金州现代民间绘画和旅顺、长海渔民画将按照自身的发展规律继续繁荣，其广阔前景值得期待。

布艺篇

剪拼填缝皆是景

布艺应该是女红的一种。女红，官方说法是女子所做的纺织、刺绣、缝纫等事，但是民间的说法要比这广泛得多，无论是在深闺中，还是在土炕上，凡是拿起针、剪，动起布、线的女子，不问妍媸，就都是在做女红了。女红让女人缠绵，使男人心软，特别是那些蕴含着传统文化、反映民风民俗的女红，比方说布艺，更是令人身心愉悦、回味无穷，而且遐想联翩。

布艺是用布做外壳的软雕塑，一般为动物造型。布艺自古就有，定情用的荷包、驱瘟防病的香袋、寓意吉祥的彩球……这些情与美融于一体的布艺工艺品早就在民间流传。

大连布艺历史悠久，风格多样，遍及城乡，是大连女子表达母爱、寄托情感和展示手艺的主要载体之一。一块布头、几根线头就能塑造出一个花花世界，女人们经常无师自通或一学就会，且能独出心裁翻新花样，自娱自乐。但是好的布艺作品还是有较高艺术标准的。

大连女子纯手工制作的立体布艺有布老虎系列、传统节日饰品和吉祥物件、现代布艺作品。这样的布艺，外面由杂色碎布包裹，内瓤是棉花、木屑等填充物，有的硬朗，有的柔软，皆坐立有姿，五彩斑斓，夺人眼目。布艺艺人可以根据手头材料的不同及个人审美观念的不同随心创意，用针线巧妙地将布的质地、颜色和图案与造型的夸张、诙谐和稚拙融合在一起，集剪裁、绘画、刺绣、剪纸、造型等多种民间艺术形式为一体，共同展示着布艺的精妙和趣味。

布老虎系列

质朴别致的布老虎极具乡土气息，制作技艺来自山东，最初的功用是玩具。历经几代大连人的探索和创新，大连布老虎系列独树一帜，在汉族布艺格调的基础上融入了满族风韵，反映出辽南文化的独特气质。

虎的自然特征是威武、勇猛、凶狠，人们本来应该避而远之，但是怕虎的人们却偏偏把老虎帽、老虎鞋穿戴在自己的孩子身上，把孩子的脑袋放在老虎枕头上睡觉。人们不排斥、不仇视虎的形象，反而要与它亲近，将畏惧的事物与美好的愿望放到一块儿，以求驱邪祛病，希望孩子像老虎一样勇敢强壮，由此可见民间艺术的包容性和亲和力。

普兰店的王格丽是王家布老虎技艺的第三代传承人。她做的布老虎主要特点是体态丰满结实，神态阳刚威严，虎虎生威中还带有些许滑稽，虎身上的部位变形夸张，有带尾巴的，也有用剪纸或刺绣做成尾巴紧贴在虎屁股上的，整只虎圆浑、敦实、饱满，都是眼圆、嘴阔、耳朵大、腿短、身架矮，但又没有脱离虎的基本形态，让人看了只觉得美，不觉得别扭。

布老虎在王格丽的手下已经成为一个系列，她继承了前人的手艺又不拘泥于前人的风格，创作了两件套的夫妻虎，四件套的娃娃虎、母子虎、团圆虎以及双头枕头虎等大大小小、形形色色共30多个品种的布老虎。从选择布料、裁剪、搭配颜色到绘画、剪纸、刺绣、缝合、粘贴、填实、定型等几十道工序，她无一不精，技艺娴熟，得心应手。

布艺·布老虎　作者：王格丽

王格丽还会做其他动物布艺作品，用的都是家传的布老虎手艺。这些动物的布艺作品虽然也吸引人，但与她的布老虎相比还是略逊一筹。

王格丽和她的布老虎曾经走出国门，远渡重洋，开了外国人的眼界。

大连有许多做布老虎的高手，是因为大连人很多是山东人的后裔。沙河口区王凤英的布老虎与王格丽的布老虎不同，是软胎的，王凤英尤其擅长做老虎鞋和老虎帽。

王凤英的老家在山东济南，母亲按当地风俗每年都要做布老虎和老虎鞋、老虎帽，不用母亲特意教，她就看懂了，学会了。退休后静下心来，她重新琢磨布老虎，越琢磨越觉得有意思，动手一做，居然有模有样，不比母亲做得差，虽然有少许变化，但基本风格没有变，还是齐鲁特色。

王凤英做的布老虎大的不去说了，小的只有一寸大小。一寸大小的布老虎身上具备老虎所有美的要素，精巧得令人咂舌。无论是大虎还是小虎，她都用箔纸剪成“王”字粘在虎头上，闪闪发光，十分威武。她模仿乾隆的字体在布老虎身上绣出“福”字，喜气吉祥。老虎耳朵大大的，竖立着，很有气势，眼睛和鼻子抽象变形，嘴用一束横向的毛线表现，毛线两端参差不齐，连胡须都有了。她做的老虎鞋和老虎帽好看又实用，为了美观，上面装饰有布贴花、绣花、手绘花。因为是给小孩用的，所以形体稚拙可亲，天真烂漫；又因为传统，所以有深刻的内涵和美好的寓意。

王格丽和王凤英，以及其他一些制作布老虎的艺人受传统民间造型的影响比较多，对布老虎造型的夸张手法很是偏爱。他们有意把虎的某一个局部的自然形态通过奇特的造型和夸张变形来加以强化，不在乎比例的失调和形象的失真，特别是虎头往往被夸张到想象不到的程度，但是谁也不会去追究虎形象的真实性和艺术上的合理性，这恐怕就是布老虎的魅力所在，也是布老虎在民间流传甚久和甚广的缘故吧。

不管是王格丽的布老虎系列，还是王凤英的布老虎和老虎鞋、老虎帽，都能让实用与审美统一于母爱的深情中。一个娃娃头戴老虎帽，头枕老虎枕已经够开心的了，又脚穿老虎鞋，甩动小手颠颠学步，这种微妙而有趣的情景，谁见了都会发出会心的微笑。有小孩的人家和没有小孩的人家都喜欢把布老虎和老虎鞋、老虎帽放到家中当摆设，一来观赏，二来驱邪求吉祥。可以说，形形色色、虎头虎脑的布老虎是大连地区最具民族民间特色的日用装饰品和艺术观赏品，很多布艺艺人学手艺都是从学做布老虎开始的。

布艺·老虎帽　作者：王凤英

传统节日饰品和吉祥物件

韩月娥老人做的布艺用的是家传技艺，这技艺据说能追溯到清同治年间。韩月娥和她的6个姐妹主要是做传统节日饰品和各种吉祥物件的。

传统节日是中国农村民俗活动最集中、表现最突出的日子。人们为了增加节日气氛，或者表达某种感情，常常在节日中佩戴一些饰物，或用饰物装饰环境，这样的饰物最多的就是布艺。

韩月娥会在春节做福字、元宝、彩球、压岁袋，在二月二做龙凤，在端午节做大小粽子、黑豆人、马猴子、香包、手链、小扫帚，在七夕做鸳鸯，在中秋节做人身兔头的兔儿爷，在重阳节做长寿串、仙鹤等。除此以外，她还做鲤鱼、莲花、绣球、蝙蝠、宝葫芦、方胜、贯钱和五福拜寿、鹿鹤同春、喜上眉梢、十二生肖等。有的布艺挂件有一两米长，大的挂件又垂挂着十几种小挂件。这些布艺作品乡土味十足，都是在表达她祈求幸福富裕、驱邪避祸、恩爱团圆、健康长寿的美好愿望。

韩月娥的布艺来源于民间习俗，而看到这些布艺的造型和寓意又让人感到它们丰富了民俗的内容，增强了民俗的趣味性。她按照民俗观念和民俗传说、民俗活动内容与形式进行布艺创作，在布艺身上综合了多种民间艺术的

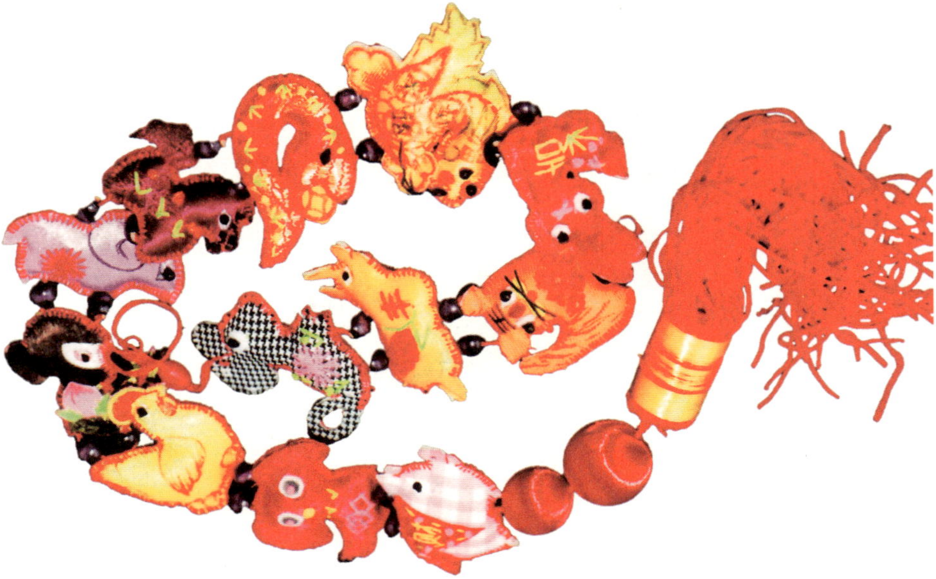

布艺·十二生肖 作者：韩月娥

表现形式，其中剪纸、刺绣手法运用最多，剪纸用的是镂空手法，并进行后期套色，刺绣用的是庄河当地的谱绣绣法，缝制用了三种不同针法。所有布艺全都是她一个人手工制作，针脚细密匀称，精致齐整，色彩艳丽，有的小巧玲珑，有的端庄大气，无不散发着喜庆吉祥的气息。它们并不是孤立地存在，或挂或佩，装点场面，缝戴在身上，形成一道道民俗风景线。

韩月娥的七妹韩月巧的绝活儿是做布艺粽子，每年端午节的前几个月，韩月巧就要忙碌起来，因为很多人上门预订。她做的粽子一种叫“合家欢”，挂在农家屋；一种叫“一帆风顺”，挂在渔船上。有单个的，大多是成串的，都有祈求健康平安和幸福吉祥之意。而五妹韩月凤最擅长做龙尾，把碎布片做成龙鳞状，把桃木枝切成约两三厘米长的小段，龙鳞与桃木段相间，用线绳穿起，最后在顶端用大块布头缝上龙头，龙凤日这天挂在孩子们的身上和农家卧室、渔家船舱，辟邪保平安，祈福求好运。

近年来韩月娥尝试制作新型布艺，如《祖国万岁》，一颗红心的边缘缀有十二生肖，生肖上有字和吉祥纹，金星照耀下是“祖国万岁”四个大字。虽然表现的是现代题材，模式也有变化，但是很明显，十二生肖的出现说明还是没有脱离民俗的影响。

布艺·祖国万岁 作者：韩月娥

现代布艺作品

以何燕文为代表的大连中青年布艺制作者是一些有文化、敢出新的布艺艺人。他们有的师承母亲或其他亲属，有些根底，更多的则是自学成才，很少受传统布艺艺术的影响。他们在审美情趣上与老一辈人相比有新的要求和标准，不满足于原有的传统题材、表现方式和技法，做出来的布艺作品自然与传统布艺作品有所不同，主要体现在其民俗功能发生了变化，少了一些夸张，多了一些写实，少了一些民间乡土的灵性，多了一些求新求洋的装饰，我们姑且把这类布艺称为新民间布艺或现代布艺。

例如何燕文的布艺作品《飞跃》，表现的对象不是民间常用的鲤鱼，而是和鲤鱼相比形态更奇特、更容易引人注目的旗鱼。制作过程中，先用铁丝等硬物固定体形，然后上泥子，反复打磨，再把剪裁合体的彩色布一层一层地粘贴上去，直到形体饱满。几十道工序几乎没有动用针线，完全颠覆了传统布艺的惯例。这条1.5米长的旗鱼，虽然是用布做的，却有着一层硬邦邦的外壳，显现出一种张力，丝毫不差地展示着旗鱼的自然形态：在大海和蓝天、白云的映衬下跃出水面，腾跃在半空，保持着它的最佳姿态，供人观赏。

又如《仙境》，水仙也不像传统布艺中的牡丹、莲花那样寓意丰富，作者用它要表达的纯粹是仙境般的视觉美感。水仙的根须、块茎和花、叶用不同质地和纹理的彩色布条包裹粘贴在一起，基本上和真实的水仙没有多大差别，与做背景的条形布和布艺小饰物同在一个画面上，表现着作品的主题。

何燕文的布艺中还有乌龟、蚂蚱、蛐蛐、狮子和浮萍、牵牛花等动植物，十分逼真，栩栩如生。

无论是以夸张变形为艺术特征的传统民间布艺，还是以写实逼真为艺术特征的新民间布艺，都是大连人在表达自己对生活的理解和对美好的追求。随着生活水平的提高和乡镇社区文化生活的丰富，做布艺的大连人会越来越多，大连布艺品种及选用的材料和表现方式也会只多不少。

布艺·飞跃　作者：何燕文

布艺·仙境　作者：何燕文

刺绣篇

美轮美奂丝缕情

据《尚书》记载，在4000多年前的章服制度中，规定“衣画而裳绣”，《诗经》中也有“素衣朱绣”的描述，可见刺绣在中国是一种非常久远的民间传统手工艺。

中国江南风暖水软，钟灵毓秀，遍地绣娘。大连地处关外东北，民风粗犷，女人豪放，能有这种“用针如发细者”的刺绣手艺吗？有。不但有，而且历史悠久，艺人辈出，如鲁绣和谱绣，还有主要效法于苏绣，又受鲁绣和谱绣影响的其他刺绣。

大连刺绣艺人善于继承、学习和吸收，博采众长，通过家传、拜师和自学等多个渠道走进刺绣天地。他们心思缜密，想象力丰富，创意新颖，按照自己的喜好和审美标准，确立针法，选择表现对象，用灵动的纤纤细手，在日常生活中创作出许多优秀绣品。大连出现了不少技艺高超、各有特点的绣娘，把刺绣这种高端女红带入一个令人难以置信的美妙境界，使刺绣成为一种不容小觑的大连民间艺术。

大连地区曾经广为流行的刺绣品种是鲁绣，在大连也称为麻绣，还有以庄河传统刺绣为代表的谱绣。大连当下的刺绣艺人受这两种传统刺绣工艺的影响很大，技法和绣品都会带有这两种刺绣的烙印。在过去，刺绣是大连女子的一门必修课，不会刺绣的女子是要被人看不起的，民间母传女、婆传媳的刺绣传承方式造就了遍布城乡的刺绣艺人。现在，各种规模的绣坊已在大连悄然走红，绣坊里会集了一些技艺高超的绣娘；还有一些不为生计、不为名气的女士，选择刺绣来培养自己的高雅情趣，成为新一代绣女。

鲁 绣

鲁绣由山东传至大连，是历史文献记载中最古老的绣种之一，是中国刺绣文化的一部分。鲁绣因取四大名绣之长而独领风骚，擅长表现中国书画的笔墨效果，集抽、勒、锁、雕等工艺于一身，绣品构图优美，虚实适宜，清俊淡雅，粗犷中显精致，质感强而生动。绵长久远的齐鲁文化赋予鲁绣以丰富的人文内涵，经过大连刺绣艺人之手，大连鲁绣地域特色更加鲜明。

刺绣·旗袍　作者：解玉梅

珠绣　作者：解玉梅

鲁绣的品种有十几种，主要有雕平绣、青州府花边、威海满工扣锁、梭子花边、棒槌花边、手拿花边、网扣、钩针等，工艺技法十分丰富。

鲁绣，起先是由闯关东的山东女子带入大连，传代了本地女子，流传于整个大连地区，一度十分普及。特别是在农村，农闲时节，女子们三五成群聚在一起，在撑子上飞针走线，说笑之间，一幅幅精美的绣品跃然而出，人间美景皆发自于心而诉之于针。后来，由一个人或几个人组成的家庭式零星作业扩展到规模生产。1954年，大连城区成立了四个麻绣社，同时收购散户代为加工的绣品。1969年，又合并麻绣社为大连工艺绣品厂，其他县、区也有类似绣厂、绣坊。设计人员画出需要的图案，制版人员做好漏版，然后在亚麻布上印上图案，发放到绣工之手绣制。绣工按照花纹图案的要求，在布料上抽去一定的经、纬线，形成网格状，再通过鲁绣特有的刺绣手段绣出精美的图案。当时绣品以外销为主，远销50多个国家和地区，生意十分兴旺；部分绣品，如床上用品、门帘、枕头套等内销。现在，大连刺绣作坊都是个体经营，包括鲁绣在内的刺绣活动渐渐以苏绣为主，有的女子以此创业和谋生，有的女子则把刺绣当作修身养性、自娱自乐的方式，因此下针更为洒脱随意，绣品越发超凡脱俗，而且题材广泛，洋溢着现代人的生活气息。

解玉梅祖籍山东潍坊，姥姥和母亲都是鲁绣能手，自己又在工艺绣品厂工作多年，算得上是大连鲁绣的传承人之一。她小时候最爱在母亲的绣案旁边玩耍，看着朵朵鲜花在妈妈的银针下绽放，她心痒手痒，趁妈妈不在，就偷偷绣两针，小小年纪就想休学帮妈妈绣花养家。后来她到工艺绣品厂做绣工，因技艺超群，做质检员，离厂后开服装加工店，仍然离不开刺绣。再后来，她不再开店，主要以旗袍和唐装为载体专攻刺绣。

往服装上绣花要求有立体感，还要因款式和布料而异，有时还要因人而异，比一般手绣要难。解玉梅的服装绣品保留了鲁绣的笔墨效果，融入各流派刺绣的精华，花卉富贵艳丽，蜂蝶飞舞灵动。她擅长用细细的丝线层层渲染，使画面渐入佳境，光影深浅变幻，鸟语花香。最上档次的是劈线绣，一根丝线，解玉梅能劈成十多根细丝，绣一幅虎啸图要用几个月时间，大的绣像往往耗时数年。解玉梅现在的刺绣早已在鲁绣的基础上进行了变化和创新，绣品也不单单表现在服装上。她总结了传统手绣技艺的经验，掌握了机绣工艺，利用缝纫机行线准确和速度快的优点，试验成功了几十种机绣仿手绣的针法，可以表现出各种形态的图案。她还成立绣坊，组织和带动更多的人学艺创业。

尽管鲁绣逐渐被苏绣和其他名绣所取代，但是大连民间还是有许多鲁绣艺人，这些人对鲁绣感情深厚，念念不忘，其中就有与解玉梅有着相似经历的李银娣。

李银娣祖籍山东，从小跟奶奶学鲁绣，放学后绣花挣钱。1972年到大连工艺绣品厂当了绣工，又在技术部门工作多年，对鲁绣深有研究。退休后热情不减，成立了自己的鲁绣工作室，一心一意手工绣花，并带动了多名喜爱鲁绣的绣娘。她的绣品保留了传统鲁绣的原汁原味，人物面容丰润，花卉枝叶饱满，镂空效果独特，色彩淡雅，神韵飘逸，尺寸宽大，画面舒展，既实用又极具观赏性，经常亮相于各种展销会，显示着大连鲁绣的风采。

机绣仿手绣·鲤鱼戏水　作者：解玉梅

大连人很多是山东人的后裔，鲁绣是他们的祖先从祖籍带来的。鲁绣所体现的齐鲁文化博大精深，与大连本土文化血脉相连，因此也是最具特色的大连文化遗产，对大连刺绣的现在和未来发展都有较大影响。

鲁绣·天使　作者：李银娣

鲁绣·花鸟　作者：李银娣

谱　绣

以庄河传统刺绣为代表的谱绣是与庄河剪纸同期诞生的民间艺术，明清时期达到鼎盛，通过家族式的传授代代相传，沿袭至今。庄河境内始建于明代的一些庙宇，如仙人洞上、下庙，南尖大邵村龙凤阁，南尖大圈海神娘娘庙，其神像服饰上都不难发现谱绣的踪迹。

庄河谱绣传承人杨传浩说，他们杨氏家族于清乾隆三年（1738年）移居南尖大圈，那时候族中女子就已经能够娴熟地承揽有钱人家的各种谱绣加工活儿，她们的手艺都是几代传承下来的。1930年，庄河女子师范学校开设的家事课，就是刺绣工艺课，在谱绣基础上又创造了十字绣法，学校的绣品远销英国、法国、丹麦等地。当时最有名气的谱绣艺人叫杨素贞，她生于书香门第，自幼摹绣古今书画作品。1929年，她以白缎子为底，绣出大幅山水画壁挂，层次清晰，色彩娇艳。她用谱绣中的双套针法绣出的草书《出师表》和行书《兰亭序》，用针细密，针脚平齐，体现出书法手迹的韵味。

谱绣是一种综合性刺绣工艺，融汇了剪纸、绘画、书法三个门类的艺术技巧。谱绣在绣之前得先扒样。扒样就是把选好的花样照着描画下来或用剪刀剪下来，或者直接用复写纸印在绣料上，或者将剪下来的花样贴在绣料上，再按样绣好各个部位。谱绣绣品上的诗文都是请老先生或会书法的人用“金不换”墨研好后写上去的，经洗不褪、不流、不洇。扒样，是每个谱绣艺人在动针前都要进行的准备工作。艺人们走门串户，相互扒样，将扒来的花样夹在一本大册子里，这个大册子叫样册，通常样册里还夹有各种颜色的花线。谱绣艺人的样册前人传后人，花样更新，越传越多，谱绣世家都各有几本样册。

谱绣的绣品有枕头顶、鞋面、鞋帮、鞋垫、帽子、衣服、荷包、门窗帘、椅垫和壁挂等。花样以花鸟鱼虫为主，也有吉祥的图案，如龙凤、属相、麒麟等，人物极少。

谱绣的应用主要表现在生活中的四个方面，即婚配嫁妆、生儿育女、逢年过节、丧葬礼仪，丰富着百姓的民俗活动。每一种应用都有约定俗成的题材，如鸳鸯戏水、长命百岁、佛手、凤凰牡丹、三阳开泰、龙凤呈祥、喜鹊登枝、松竹梅和书法等。

绣有龙凤呈祥图案的谱绣绣品

谱绣荷包

庄河市文化馆资料

谱绣为正面绣，也叫单面绣。基本针法为顺针法，将丝线抽出，破好劲儿，纫到绣花针上，按花瓣、花叶和鸟兽的图案，从下部一针挨一针将丝线铺谱在图案上。花草、鸟兽及其他各种吉祥动物图案铺谱的面积比其他部位都大，在搭配好丝线的前提下，谱绣省工省线，这也是谱绣能被民间普遍接受并广为流传的原因之一。

谱绣常用的针法还有插针法、递针法、锁针法、扣针法、倒针法、纳针法、编针法、乱针法、双套针法、横针法等十几种针法，从这些针法中不难看出，谱绣工艺精细且富于变化，谱绣艺人聪明、灵巧。

同鲁绣一样，谱绣也具备撑子或绷子。撑子是用四根木条做的正方形或长方形木框。将绣品布料先撑在撑子上，缝上或印上欲绣的图案，盖上一块大小相等的透明纸，绣一处，盖一处，以免污染了绣品，绣好后，用抽出面筋的面浆将绣品背面浸透，晾干后将绣品从撑子上卸下来。绷子是圆形的，用木质的罗圈做成，内外两层，内圈可套在外圈内绷紧绣品布料。绷子大小不一，小的差不多碗口大，大的直径一尺有余。用绷子绣出的绣品与用撑子绣出的绣品用途不同，通常背面不用刷浆。

谱绣是大连特有的一个刺绣品种，也是东北绣品的一个分支，具有汉、满等多民族特色，特别在庄河北部满族乡，满族特色更为鲜明。庄河谱绣是谱绣的代表。陈玉芳、韩月桂、杨淑清、娄淑项、杨传浩、杨雪梅、杨欢等人是庄河谱绣的传承人，也是谱绣艺人队伍中的领军人物。

苏　绣

大连城乡有许多家庭刺绣艺人，还有许多不同规模的绣坊，少则数人，多则十几人。绣坊里藏龙卧虎，有的是身怀绝技的老艺人、老师傅，有的是刚入门的青年女工。她们中的很多人钟情于苏绣的精细绣工和活泼针法，以及晕染自然的色彩效果，技艺和绣品大都突显苏绣风格。

庄河绣娘施玉梅的姥姥是一位谱绣名人，她学刺绣，有家传渊源，也有绣坊师傅传授，学艺处女作即出手不凡，《月月有余》中的12条锦鲤一亮相就被朋友收藏。2010年上海世博会以后，她受《清明上河图》启发，萌生了用苏绣表现整个画面的念头。她把上百种不同颜色的蚕丝线每一根都破成4股，加起来有26400米长，用了14个月的时间一绣成名。绣品绢帛长7.3米，宽0.5米，小桥流水，车马人物，无不历历在目，活灵活现，一棵小树的树干就用了7种颜色的丝线，绣品之精美令人赞叹。

苏绣·孔雀　作者：马清霞

青年刺绣艺人马清霞从小就爱做针线活儿，会刺绣的母亲对她影响很大。2003年她开始跟师傅学苏绣，天资聪慧加上勤学苦练，很快就在师姐妹中脱颖而出，到2008年已经自立门户，成立了自己的绣坊，既当绣娘又当师傅。她不但创作了几十幅题材广泛的绣品，还手把

苏绣·虎　作者：宋红颖

苏绣·琴韵　作者：张洁琳

手地带出了不少徒弟，不少刺绣爱好者慕名而来。为了把苏绣技艺真正学到手，她多次奔赴苏州考察和学艺，对苏绣艺术颇有心得，她用16个月的时间绣成的大幅孔雀图，连苏州来的绣娘都说好。

青年刺绣艺人宋红颖苏州学艺归来，成立了红颖绣坊。她的苏绣狮、虎毫发毕现，威风凛凛。对于未来的绣品，宋红颖信心满满、很有想法，要绣出表现历史经典巨作和具有大连特征的城市风情系列绣品。

张洁琳的苏绣人物也令人叫绝，神态端庄，服饰华丽，静中有动。绣娘于鸿，竟然可以不用描画，只凭记忆就在绣料上信马由缰地绣出梁山108将。她们只是大连绣娘队伍中的少数知名者，很多技艺不逊于她们的刺绣艺人隐于大连民间，不为人知。例如甘井子区的贺先荣老人，80多岁时为装点孙子的婚房绣了一幅长2米、宽1.5米的《七仙女》。

十字绣

十字绣是用专用的绣线和十字格布，利用经纬交织的搭十字的方法，对照专用的坐标图案进行刺绣的方法，是一种古老的刺绣。我国汉族和许多少数民族的日常生活中，一直以来就普遍存在着十字绣工艺品。十字绣在大连出现较早，1930年庄河女子师范学校开设的刺

十字绣·牡丹　作者：润达

十字绣·家和　作者：杜润枝

绣工艺课就传授十字绣。女子们在自纺、自织、自染的棉布或麻布上严格按照经纬交织点来定位，以若干经纬线形成的方格运针，在每格缝出一个斜十字，按同等大小的斜十字线迹排列成设计要求的图案。十字绣所用工具和针法很简单，但绣品却结构严谨，图案味极浓，耐洗耐用。除了实用功能以外，十字绣绣品还具有很高的美学价值，十分盛行。因为十字绣的绣法相对简单，容易入门，所以大连会十字绣的人比较多，绣线、面料、颜色和图案选择余地很大，各有所长，绣品千姿百态，别具一格。从大连市甘井子区社区教育实验工作领导小组提供的材料中看，仅在周水子街道、甘井子街道和椒金山街道的几个社区，就有四五十人能用十字绣绣出相当不错的绣品，有几个男人的绣工比女人还精细。双兴商品城最火的时候有40多个摊位经营大连十字绣艺人的作品，十字绣在大连民间的普及程度可想而知。

十字绣·婚礼　作者：王淑红

十字绣·家园　作者：马铭鞠

刺绣是中国的国粹艺术，也是融进绣女情感和心智的民间艺术。刺绣的意境往往用文字和语言难以表达，这种发自针尖和丝缕之间的美好、古老而绚丽的民间艺术，给大连绣娘带来了太多太多的憧憬，使她们对美的追求有了释放的出口，也使她们在北方女子豪放的性格中平添了许多温柔和妩媚。

工艺画篇

借物作画胜丹青

中国的文人墨客寄志抒情时，以字表意，以画传神，书画是他们表达心迹的主要方式。古往今来的民间手工艺人也有浪漫情怀，一点儿也不比文人骚客差。民间手工艺人们大多生活在社会底层，与普通百姓同喜怒、共哀乐，其爱美之心相同，其审美取向一致，在绘画的表现形式方面无拘无束，多种多样，想用什么材料就用什么材料，怎么看着美就怎么做，借物作画，随心所欲，展示的功法和意境与笔墨作品相比毫不逊色，又有丹青难以描绘的艺术魅力。

大连工艺画品种很多，现在知道的有羽毛画、玻璃画、木刻版画、木制板画、烙画、布贴画、纸贴画、麦秸画、草叶画、易拉罐金属画、卵石画、海石工艺画、蛋壳画、帛画、皮雕画、内壶画、沙画、宝玉石嵌丝画、豆画等20多个品种。它们有的曾经兴盛过，有的正处于发展期；有的从艺者多，有的接触者少；有的是传承下来的传统工艺画种，有的是大连人自创的现代工艺画种。不管从何而来，它们都是大连画苑中一朵朵绽放着异彩的奇葩，它们丰富了大连民间艺术的宝库，也展现出大连民间艺人另辟蹊径，对中国绘画艺术不同的感悟和巧手匠心。

羽毛画

羽毛画是中国独创的传统工艺，长沙马王堆出土的西汉文物中就有用各种羽毛装饰的工艺美术品，清代的《点翠松竹插屏》是至今仍陈列在北京故宫博物院里的羽毛画精品。

羽毛画是以各种禽类的美丽羽毛为原料，借助传统的国画构图法及雕塑、木刻、装饰工艺等表现手段，以浮雕方式手工制作而成的。其题材广泛，内容丰富，水墨淡彩，格调清新，具有中国画和水彩画的艺术特点，分平贴、半立体浮雕、立体浮雕三大流派。

羽毛画是大连传统工艺，曾闻名海内外，深受群众喜爱，有许多技艺精湛的民间羽毛画艺人，也有从事大规模羽毛画制作的工厂、作坊。现在，无论是羽毛画还是羽毛画艺人，都与我们渐行渐远，踪迹难寻。但是羽毛画毕竟曾经在大连民间工艺画中占有一席之地，其制作工艺也很独到，那些造型生动，画面鲜艳，既有自然光泽又有立体观感的羽毛画在许多大连人脑海中留有深刻印象。大连后来的民间艺人用其他材料创作的工艺画或多或少地受到它的影响，羽毛画的平粘、对接粘、排列粘、悬浮粘、堆积粘等粘贴手法被豆画、麦秸画、草叶画、布贴画等工艺画模仿，形不在而神在、艺在。

大连艺人制作羽毛画，是先将鸡、鸭、鹅、锦鸡等各种禽类羽毛进行筛选、洗涤、消毒、杀菌、剪切、防蛀、漂染，然后根据正羽、绒羽、毛羽的特性，按大小、粗细、色彩搭配使用，将各种颜色的羽毛按构图要求，用不同手法粘贴成形。艺人美术修养和操作技巧的不同，会使表现同一题材、使用同样羽毛的羽毛画产生不同的艺术效果。也许大连羽毛画在不远的将来还会像过去那样频频出现在人们的视野中，那一定是有所变化的，通过更精湛的工艺表现出更新颖的形象。

羽毛画·七星岩　取自旧物市场待卖商品

玻璃画

过去，玻璃画在大连民间很常见，大多是家具上的装饰，以寓意吉祥的花卉鱼鸟为主要图案，拙朴自然，色彩艳丽，喜气洋洋地装点着百姓的家庭生活。传统玻璃画与中国画一脉相承，中国画以墨为主，在宣纸正面作画，玻璃画浓墨重彩，在玻璃上反画正看，技法有所不同。

玻璃画·乡情　作者：张树根

近些年来，传统玻璃画渐渐淡出，取而代之的是丹青味十足，更能体现国画风格的现代玻璃画。普兰店的张树根实现了这种突破，将专为居家装饰用的传统玻璃画变成艺术性更强、文化内涵更丰富、更具观赏性和收藏价值的玻璃国画，开拓了玻璃画新的发展空间。

张树根的爷爷会画玻璃画，这对从小就爱好美术的张树根影响很大，他的创新建立在继承传统的基础上，根基牢靠。爷爷那时的玻璃画线条和色彩很简单，缺少变化，而张树根的玻璃国画晶莹剔透，清新亮丽，线条流畅，层次的渲染恰如其分，视野更加开阔，画面丰富多变，意境深远。

特别是2007年以后，张树根尝试在一种透明度高、质地细腻、不易破损的新材料亚克力板上作画，泼墨、勾勒、点色、晕染，油墨兼用，先用墨手绘，后用油画染料封底，解决了亚克力板笔墨不易扩散和不易着色的难题，发明了享有独家专利的亚克力国画创作工艺，把玻璃画艺术带入了一个新的境界。

观赏张树根的亚克力国画，能在《荣华富贵图》中看出雍容，在《竹林深处》中看出幽静，在《冬日白雪》中品味出洁白纯粹，在《青春少女》中感受到蓬勃朝气，重峦叠嶂幽远深邃，流水浮云缥缈灵动，人物花鸟栩栩如生。他把只能在宣纸上表现的国画神韵在透明玻璃和亚克力板上发挥到极致，不仅受到国内美术界的好评，而且在国际上也拥有了名气。

木刻版画和木制板画

发端于门神画，随着年节风俗的演变而形成的中国民间木刻版画是一种古老、独特的民间艺术形式。近千年来，木刻雕版一直是复制木版年画的主要手段，有的完全用木刻雕版印刷，有的半印半画，其造型风格因地域和人文环境的不同，形成了浓厚的特色。过去，由于印刷技术落后，在中国传统文化的影响下，木刻版画有自己独有的生存、传播和发展方式。就拿最具有代表性的木版年画来说，因为要适应民风民俗，内容是伴随着劳动人民的精神追求而展开的，所以题材广泛，品类繁多，通俗易懂，而且耐人寻味；在制作工艺上，多为彩色套印，还吸收了文人画的一些表现技巧，画面丰富而雅致。

据《庄河县志》记载，清朝，庄河地区曾出现过喜禅、孙同九、杨召棠

木刻版画·马到成功　作者：张宝粟

等多位篆刻、雕刻名家。薪火相传至今，雕刻艺人在民间不断增多，雕刻艺术也有了不同的表现形式。

清同治年间，张宝粟的曾祖父张学英在庄河张家沟开了一座窑场，烧制青砖、青瓦和陶器。张学英心灵手巧，能在毛坯上雕刻出各种吉祥花纹，还能用铜钱滚出多种图案，烧好后，美观实用，堪称工艺品。现在在庄河一些古老瓦房和庙宇的屋顶仍然可以见到当年张家窑烧制的“虎头影”等装饰物。受家族环境熏陶，张宝粟从小就酷爱书画和篆刻，七八岁时亲眼看见叔叔用木板刻印门神和灶王爷，留下了深刻的印象。他14岁时就能在石料上刻印章，几十年来朝夕不辍地练习书法和篆刻，有时通宵达旦，手指经常被刻刀扎得鲜血直流。年复一年的潜心钻研，使他不但能熟练地运用祖传的雕刻技法，而且雕刻的线条更加精湛细腻，美术修养也大有提高，为他从事新的创作打下了牢固的基础。他找来齐白石、吴昌硕等古今名家的作品，探索其布局和章法的奥妙，揣摩他们下刀时轻重缓急的拿捏，跳出家族手艺的传统模式，大胆革新，从在木板上篆刻印文扩展到雕刻名人肖像、山水花鸟、人间百态，将手工绘画、雕刻和印制紧密结合。木刻完成后，可以印在宣纸上，也可以印在布料或其他材料上，作品画面清晰，形象逼真，对比强烈，色彩古朴单纯，线条富于变化，既有传统印文化的韵味，也有现代版画的风格，内涵厚重，特色鲜明。

例如，他把毛主席从青年到晚年各个时期的画像用他的独家手艺雕印出来，200多个画面组成了一幅40多米长的画卷，产生的艺术效果令人称奇叫绝。现在，张宝粟也从事着新的木刻版画创作，在传承家族雕刻技艺的同时，向彩色套印的中国民间年画方向发展。

沙河口区刘忠强的木制板画技艺与张宝粟的木刻版画技艺不同，除了雕刻的对象不同，还需要镶嵌和粘贴。刘忠强的曾祖父刘玉堂是山东济南人，1929年闯关东，开办了木匠铺，不但做木匠活儿，还在闲暇时间在闲置的木板上绘画，加入雕刻和镶嵌，独创出刘家木制板画的雏形。刘忠强师从祖父刘惠三，继承了前辈的木工手艺，又有比较高的文化修养，在刘家木制板画上进行了许多改良和创新，更加注重镶嵌和粘贴工艺，使木制板画造型更加完美。

刘忠强弄斧舞锯，会雕会刻，又深谙绘画原理，他的木制板画内容丰富，有历史题材，也有现实题材。在选材上，底板和边框选用厚实的木板，用来粘贴的木料则选用木片和木屑。制作时，先在底板上绘出图案，再根据

木制板画·富贵牡丹图　作者：刘忠强

木板雕画·麻姑送酒　作者：王希臣

图案需要对木片进行剪裁，形状、大小与图案各部分一样，厚薄不同的木片和粗细不一的木屑更能体现出画面的立体感。将剪裁后的木片经过高温定型、晒干、打磨处理，然后将准备好的木片或木屑按照图案的要求粘贴在底板上，牢固后装裱画框。这种木制板画有很大的创作空间，可以设计多种多样、新颖别致的图案。木料的选择余地也很大，可以用不同质地的木料表现不同的艺术效果，造型凹凸有致，丰润饱满，色泽自然，纹理清楚，给人一种别样美感。例如《富贵牡丹图》，画长2.4米，宽1.2米，厚实的底板上镶嵌的牡丹花争相绽放，朵朵不同，枝叶繁茂，一派雍容华贵气象。又如《荷花图》，构图简洁，造型准确，雅致秀美，一眼看去，神清气爽。

烙　画

烙画是中国传统工艺画之一，最早的烙画者以铁针或烙铁为工具，在油灯上炙烤，在木板上烙绘。后来，制作工艺和工具不断改进，单一的铁针或烙铁变为大、中、小等型号的专用电烙笔，可以随时调温。

大连烙画艺人一般是在木板上进行创作，以椴木板为最佳，也在葫芦和竹材上烫烙，现在又大胆地在宣纸、丝绢、皮草上烙绘。金普新区的杨树清就能在各种质地的纸张上作画。艺人们在国画和民间绘画的基础上吸收西洋画的表现手法，使烙画不仅有中国画的勾、勒、点、染、擦、白描等效果，还可以烫出丰富的层次和色调，具有较强的立体感。

大连烙画艺人主要是在木板上烙出寓意吉祥和富贵的图案，作为家具上的装饰，曾经盛行一时，木匠大多会此手艺。技艺高超者，还会润色、烫刻、细描和烘晕、渲染。作品呈深褐色、浅褐色、黑色，高低不平的肌理变

烙画·牧童指路　作者：杨宗贵

烙画·春色满园　作者：王大龙

化具有浮雕艺术的感染力。新工艺中的套色烙画和填彩烙画使传统烙画锦上添花，或略施淡彩，或重彩填色，无不清新雅致、秀丽古朴。现在，烙画的表现形式更加多样，作品可以充分反映出国画山水、工笔写意、年画以及油画等不同画种的风格。

木板烙画在大连已经过了兴旺期，烙画艺人不常见了，但烙画工艺却被广泛运用，火绘葫芦就是其中的一种。让人吃惊的是，甘井子区北华小学有一个专攻烙画的群体，甘井子街道海鸥社区的王勇、王丽华等人也擅长此艺，他们的作品都具有相当高的工艺水平，有的是套色烙画和填彩烙画。看来，烙画虽然渐渐从大连家具装饰领域退出，却没有消失于大连民间。

布贴画和纸贴画

大连女人大多爱美会美，善于亲手做衣服打扮自己，连剪裁下来的布料布头有些人也要按照自己的心思剪贴成美丽的画面，于是大连工艺画中就有了布贴画。

布贴画虽然是新工艺，但却是在古老技艺基础上发展起来的，是将工笔画用布贴的形式表现出来，以剪代笔、以布为色创作而成的装饰画，有着水墨画般的意境和水彩画般的绚丽，还能看出不同程度的雕塑效果。

说布贴画是在古老技艺基础上发展起来的，是因为它的工艺是建立在剪纸、刺绣、壁画等民间传统工艺的基础上。在大连，会剪纸、会刺绣的人很多，这些人都有创作布贴画的能力，又加上做布贴画是就地取材，内容与百姓生活相关，所以大连有许多手艺高超的布贴画艺人。

大连布贴画艺人通常采用大面积贴块、缝合、镶花、拼接和小面积的花饰纹样点缀手法，通过剪、撕、粘表现各种形象。布的颜色、纹理和质感丰富多彩，笔墨丹青难以替代。

布贴画的材料取自纺织品的边角余料，棉麻、丝绸、毛织物、化纤织物、锦缎等织品均可。大连布贴画艺人一般会选用多种材料，利用它们不同的质感、纹理和颜色，设计构图力求简洁、概括、单纯，有的选择现成的人物和山水风景等线条简单、色彩对比强烈的图案仿制。制作布贴画时，先剪出图形布；然后将剪好的各种图形布按照图案构图进行组合，粘贴在纸板或布上，稍加熨烫；最后，把粘好的图案粘在厚硬的底板上，配上边框，即成一幅布贴画作品。

大连布贴画较早出现在普兰店区久寿小学。20世纪80年代，美术教师靳英在教学中辅导学生共同创作了许多天真烂漫的布贴画。孩子们想象大胆，构图和配色突破常规，出人意料，动物花草童趣盎然；靳英的代表作则是古装仕女和名著中的人物。师生们的作品曾经走出过国门。

中山区桃源街道长利社区的退休美术教师李敏也几乎在同一时间尝试着布贴画的创作。她起初是把自己的绘画《仕女图》描下来，一边描，一边对仕女的服装、配饰和背景花在心中打腹稿，构思完成后，先把布用国画纸脱裱，晾干后用熨斗熨平，剪裁组合成图。后来，美术功底深厚的李敏就不一定非描小样不可了，更多的是个人的主观创作。例如，原来的布贴画上只站立一个冬装打扮的仕女，她又增添了三个，通过布料的色彩搭配，使四个仕女的服饰和背后的插花体现出四季变化，头饰和怀抱的乐器也不一样，组成了一幅画面精美、古香古色的《四季仕女图》。又如《八仙过海图》，8个人物都能看出特点和个性，仙人的胡须是把布料抽丝成绺粘贴而成的，海风吹拂，仙气十足。在大型作品《琴棋书画图》中，李敏将女性特有的细腻和国画手法融入创作之中。18个女子在一间大厅内，纤纤手指间流淌出悠扬的旋律，对弈、吟诵、展画欣赏，场景十分生动，五彩飘逸的锦缎衣裙，婀娜多姿的俊俏身影，展露出古代女性的优雅，琴棋书画散发出浓浓的书香韵味，李敏把自己对美的感悟和对美的追求都融入她的布贴画中了。

布贴画 · 脸谱　作者：靳英

李敏还用布贴画技艺无偿帮助社区下岗女工创业，她谢绝了外地的高薪聘请，成立了布贴画培训基地。她的作品经常被国内外友人上门订购，影响扩大到了国外。

沙河口区星海湾街道的严芙蓉也是一位多年从事布贴画创作的民间艺

人。她从小热爱美术，深受中国传统文化影响，而且心灵手巧，喜欢琢磨新事物，一接触到布贴画就喜爱上了，认为它能表达自己对生活的感悟和对美的追求，因此几经尝试，掌握了一套制作布贴画的工艺。她的布贴画饱满丰润，立体感强，类似于布塑。例如《白玉兰》，枝干厚重，花瓣饱满，有如雕塑而成，在布料的色彩搭配上浓淡适宜，对比强烈，线条虽然简洁粗犷，却把气质高雅的白玉兰的外在美和内在美都表现了出来。又如《荷塘情趣》，风格与《白玉兰》迥异，花红叶绿，鸳鸯戏水，水波涟漪，层次分明而细节清楚，仿佛是一幅浓墨重彩的立体山水画。她的人物布贴画也颇有神韵。

大连布贴画艺人愿意凑在一起交流，有许多个活动团体。甘井子区兴华街道兴利社区就有不少手艺不错的布贴画艺人，有男有

布贴画·竞艳 作者：李敏

布贴画·八仙过海图 作者：李敏

布贴画・白玉兰　作者：严芙蓉

布贴画・梨园鬓影　作者：张超

布贴画・月光情　作者：张守广

布贴画・仕女　作者：王太屏

布贴画·年年有余　作者：王佩云

女，有老有少，王太屏、李春菊、王佩云、刘荣珍、张超、张守广等人都称得上是比较专业的布贴画艺人。他们的文化背景和从事的职业各不相同，作品却都具有相当高的艺术水平，不管是动物还是人物都拿得出手。

有资料显示，布贴画又叫布堆画、布摞画，前身是千年前的丝绫堆绣。这种既传统又现代的工艺画目前深受大连女性喜爱，爱好者和创作者众多。

与布贴画有异曲同工之妙的是纸贴画，或者叫纸堆

纸贴画·仕女　作者：王艳平

画。聪明的大连人无师自通，以纸代布，粘贴出与布贴画不一样风格的纸贴画，展现出不同的艺术魅力。西岗区南石道街的王艳平就别出心裁，利用自己画农民画和剪纸的技艺，把布贴画的工艺加以改进，用五颜六色的纸张粘贴出风情万种的纸贴画，成为一种令人叫绝的工艺品。西岗区的王惠敏、甘井子区的杨耀忠也是小有名气的纸贴画艺人。

麦秸画

麦秸画历史久远，是中国古代文化艺术的一块瑰宝。我国一座古墓里发掘出土的麦秸画虽然经过2000多年的腐蚀，但仍然色彩鲜明。20世纪80年代，我国科技和艺术人员根据有关资料，借助现代技术，才使麦秸画重放异彩。

麦秸画在大连很受欢迎，有一批麦秸画艺人。甘井子区的康敬荣、贺立业、崔桂君等人在街道社区组织和辅导了许多麦秸画爱好者，他们有教有学，展览交流，吸引了许多市民参与创作，康敬荣、贺立业、崔桂君等人的作品代表了目前大连麦秸画的最高水平。还有甘井子区兴华街道的于明鑫、张守广、王太屏等人的作品也是麦秸画中的精品。近些年来，大连城乡不断出现新的麦秸画作者，工艺也在不断地改进和提高，大连麦秸画渐渐有了自己的特色和风格，已经在国内麦秸画中脱颖而出。

麦秸画以麦秸为作画原料，纯手工制作。大连艺人充分利用麦秸的自然

麦秸画·红楼十二钗 作者：贺立业

麦秸画·玉宇琼楼　作者：崔桂君

麦秸画·百子图　作者：康敬荣

光泽和材质，表现花鸟鱼虫、梅兰竹菊、山水人物，花式繁多，形象逼真。以大海和海洋生物为题材的作品，洋溢着浓厚的大连乡土气息。

大连艺人创作麦秸画，技艺主要表现在设计构图、选材用色、运刀切贴三个方面。要完成一个麦秸画作品，要对麦秸进行割、漂、刮、碾、烫、熏、剪、裁、印、编、雕等十几道工序处理，进行除膜、切片、劈丝等加工。作画时，先按画稿要求选定麦草，用合适的工具切裁，直切、横切和斜切交错运用。有的细切如丝，有的粗切如指，有的做成小块片（小块片是先

麦秸画·家有爱宠 作者：崔桂君

麦秸画·鱼鸟 作者：王玉秋

用长条麦草裱成张，然后錾成形），贴在画面上。麦秸画按照平面、浮雕、立体等构图造型，运用拼贴、镂刻、镶嵌等技法，体现出多种工艺的综合性和艺术表现的多样性。

早期的麦秸画制作相对简单，手法比较粗糙，颜色和层次单调；现在的麦秸画工艺已经融进了多种民间工艺，做出的麦秸画层次和颜色更加丰富，造型别致，品位高雅，华而不媚，素而不俗。有的作品采用最新的环保漆进行表面处理，久藏不变，让人百看不厌。

大连麦秸画既有浓厚的传统文化内涵，又极富现代装饰美，不但受到国内百姓的喜爱，也受到国外客商的青睐。

草叶画

草叶画是先有生态形体，再经过艺人构思和特殊工艺加工，以天然草叶或树叶为材料制作的一种工艺画。

草叶画打破了传统的书画表现手法，给自然中的形式美赋予了新的内涵，使叶子有了生命。草叶画最重要的特征是根据叶子的自然形态、自然结构和自然颜色，通过艺术创作传递自然神韵和作者心中的唯美世界，古朴天成，潇洒飘逸，和谐自然，给人一种清新俏丽的美感。

草叶画·古莲　作者：栾椅晶

大连民间艺人栾椅晶是大连草叶画的创始者。她有绘画功底，又喜欢收集树叶标本，十几年前，当她快速翻看夹在书页中的各种树叶标本时，闪现而过的叶片突然让她产生幻觉，好像是一幅幅精美的画出现在眼前。如果把这些叶子巧妙地组合起来会是一个什么样子呢？于是她把搜集到的树叶全部摆放在地板上，铺了一屋子，然后撕撕剪剪，拼拼凑凑，组合成花卉和动物的图案。从此她专攻草叶画创作，成为拥有独家技艺的草叶画艺人。

栾椅晶制作草叶画有一套完整工艺，首先是采集草叶、树叶。她采集的草叶、树叶品种很多，大连地区的草叶、树叶几乎被她挑选遍了，不同形状、质地、颜色的草叶、树叶越多，越能满足表现各种题材内容的需要。其次是清洗晾干，让叶子的水分蒸发，防腐防裂，不褪色。创作时尽量少剪裁，不上色，充分利用叶子的原生形态和本色，有时还要用剪纸和雕刻手法处理叶片，使之与构思的图案相符。粘贴时轻拿轻放，一次完成，组合成一幅完整的画面后用玻璃框装裱起来。

栾椅晶的草叶画有水墨画的神韵，又别有一番韵致。水墨画能表现的内容，草叶画也能表现，而水墨画不具备的剪纸效果和雕塑感却能从草叶画中看出来。栾椅晶用叶子深浅不一的颜色来表现山峦的远近层次，用叶子的叶脉纹路来勾勒画面的细节。她曾经在叶子上涂过颜色和油漆，但叶子的原汁原味就没有了，草叶画失去了灵气，就失去了生命的魅力，所以她又回归自然，追求自然美，在自然美中不着痕迹地添加艺人的创造美。

易拉罐金属画

大连易拉罐金属画历史较短。易拉罐金属画是将废弃的铝合金材质的易拉罐经过艺术加工，以画面形式表现的新工艺画品种。铝合金材质的易拉罐，内部表面平滑，光泽鲜亮，耐腐蚀，不生锈，展开后薄如纸，柔韧性和伸展性非常适宜手工剪裁和压制变形，容易组成装饰性很强的画面。

毕业于大连理工大学的姜勤虽然学的是电子工程专业，却对民间艺术情有独钟。他多才多艺，对根艺和树皮画等民间工艺多有研究，作品不俗，后来发现易拉罐的材质很特殊，可以废物利用，就尝试用来作画，几经尝试终获成功。易拉罐金属画一问世就受人关注，赞声不绝。

姜勤的易拉罐金属画工艺以剪拼和粘贴为主，构图讲究整体效果和局部造型，追求国画韵味和贝雕、木雕的立体感。作画时他首先将纸张上的画面分解，按图案要求在展开的易拉罐平面上剪出一个个部件的形状，此时，他的机械制图技能便有了用武之地，草图的放大或缩小可以随心所欲。然后单独加工每一个部件，用手和特制工具挤压成形，连一片草叶、一个花瓣都制作得叶脉生动、纹理清楚。各个部件做好以后，再拼粘在一起，浑然一体，天衣无缝，形成一幅完整的工艺画。在色彩运用上，姜勤发明了火烤加热法，利用不同的火候，让易拉罐原有的银白色逐渐过渡成浅黄色、黄褐色和其他深浅不一的自然色。即便是需要用红、绿、黄等颜色点缀画面，他也会选用易拉罐正面的颜色进行剪裁搭配粘贴。因此，他的众多易拉罐金属画无论是表现山水、花卉，还是表现人物、动物，无论是远观，还是近赏，都能感受到它整体的完美和局部的精致。画面凹凸有致，层次分明，特别是画面上的自然色在光线的照射下熠熠生辉，散发出奇妙而迷人的金属光泽，将这种用特殊材质制作成的工艺画的魅力发挥到极致。

甘井子区红旗街道的初正幸摸索出一套制作易拉罐金属画的工艺，成为经常在各种展会上展示自己作品的易拉罐金属画艺人。制作时，他先把易拉罐的盖和底剪掉，将罐身展开，平铺在胶皮板上压平，然后用圆珠笔在上面画出图案，再用方便筷子等工具挤压出花纹，剪出造型，拼合粘贴在底板上，组合成一体，形成完整的画面，最后装框。他的作品造型准确，做工精致，有立体浮雕效果，闪烁着迷人的金属光泽，富丽堂皇，给人以全新的艺术感受。初正幸制作了百余幅立意新颖、题材多样、风格别致的易拉罐金属画，每幅作品都精益求精，耗时一两个月。《瓜趣》、《对虾》、《松鹤牡丹》、《瑞鹤图》是其不同风格的代表作。

西岗区的于长兴把这种银光闪闪、熠熠生辉的工艺画称为仿银画。他的剪裁和拼贴工艺都很独特，每个细小的叶片都能加工出凹凸感，作品《疾

易拉罐金属画·一江秋水　作者：姜勤

易拉罐金属画·瑞鹤图　作者：初正幸

易拉罐金属画·对虾　作者：初正幸

风》表现的是舞动双翅的雄鹰，正俯下身子准备抓取猎物，鹰眼透着寒光，鹰爪犹如钢叉，十分有品位。他还别出心裁地把毛泽东诗词体现在作品上，笔锋龙飞凤舞、恣意狂放。

卵石画

大连有许多玩石、赏石，以石趣陶冶性情的人。奇石种类很多，其中包括卵石。海卵石在大连俯拾皆是，椭圆的形体和天然的质地、颜色、纹理，吸引有心的大连人在观赏把玩之余又在上面写写画画，具有大连特色的卵石画就这样自然而然地产生了。

大连化物所高级工程师胡永奎对各种绘画颇有研究，多有涉猎，普通的卵石能在他手中变成一件件迷人的工艺品。其作品以表现古今中外人物的肖像为主，因石构图，画面饱满，线条清晰，文人武将无所不有，尽显个性，从肖像的表情上能看出人物的性格，十分准确传神。如齐白石的肖像，慈眉善目，皱纹逼真，眼睛炯炯有神，白须飘洒、稠密而历历可辨，大师风采跃然石上。

胡永奎画卵石画注重量体裁衣，石尽其用，充分利用卵石的弧度和质地显示绘画艺术之美。他能在一块质地均匀的长条椭圆形卵石上创作出鲁迅先生的全身像，也能在细腻白皙的卵石上画出温柔的美女，还能在粗糙黝黑的卵石上画出粗犷的李逵和鲁智深，人物与卵石合一，别有情趣。卵石的形状和

卵石画·京剧脸谱　作者：胡永奎

质地不同于一般的绘画载体，对颜色的选择和构图的合理性有很高的要求。胡永奎几经尝试，最终舍弃水彩，选用丙烯染料。丙烯染料固化性强，不易褪色，但必须一笔成形，没有修改余地，对创作者的绘画技艺是一种考验。

科研人员勇于创新，而且认真，胡永奎像搞科研一样进行民间艺术创作，乐此不疲。他将京剧脸谱画在泥塑、丝绸、木头上，把花卉鸟兽、人间百态通过中国团扇绘、真丝绘、陶瓷绘等多种手绘形式呈现在人们前面，让大家感受到不同的艺术魅力，手绘卵石画是他最有代表性的作品。在不断探索和改进创作的过程中，胡永奎的绘画水平突飞猛进，艺术修养日见深厚，作品也具有中国传统文化内涵，美在其表，韵在其里，所以经常被出访的大连化物所人员带到国外，被国际友人所赏识。

大连还有一位画卵石画的青年女子邵明琳，她画卵石画的方法很奇特，选好卵石后，先用牙膏水洗石、洁石，然后用纸卷代笔蘸水打稿，用黄泥块定稿，用红泥块绘画，用香蜡封闭画面，用尼龙布打磨，用手触摸养护，还别出心裁地用干草杂花铺垫衬托，用盒装或瓶装，或装在布袋中随身携带把玩。这种完全用黄泥、红泥做颜料画出来的卵石画天然质朴，充满了大自然的气息。

邵明琳对卵石画的理解不俗，她认为每一块卵石都蕴含天地之灵气，经过人的思考创意点画以后，卵石生冷坚硬的本质与温暖绮丽的画面形成

卵石画·睡猫　作者：邵明琳

强烈的反差，焕发出生命的活力。有些卵石形体不匀，质地粗糙，都被她看成是特点和个性。她善于利用卵石的个性，甚至在有孔隙、有裂缝、凹凸不平的卵石上作画，突显卵石的残缺美，化平凡为神奇，因此她的卵石画有一种特殊的韵味。她全身心地投入卵石画的创作，融入自己对自然的热爱和对人生的感悟，在赋予卵石以生命的同时，画卵石已经成为她生活中的一部分。

海石工艺画

从海边捡来经过波浪打磨冲刷后形状各异的石头，经过巧妙构思，把它们搭配黏结起来，再用画笔轻描淡写，组合出包罗万象的大千世界，展现出

海石工艺画·钓者　作者：崔国宝

瑰丽的彩色艺术画面，长海人把它称作海石工艺画。

海石工艺画以海石为主要材料，辅以贝壳、海藻等。作画时，把挑拣出来的海石经过化学处理排干盐分后，根据石头纹理、线条和色泽，用颜料加以点睛。在表现形式上，依势造型，因材施艺，本色裸露，韵味天成，并把书法、篆刻等艺术手法汇集交融，为作品注入不朽的生命力。

长海县文化馆的崔国宝，把对海岛的热爱全部倾注到海石工艺画的创作和工艺的探索当中，成为这门新工艺的权威。其构思和选石用石之巧妙，造型之奇特，常常令人匪夷所思，惊喜不已。

海石工艺画是长海人用平凡的海石创造出的奇迹，是一种全新的海味艺术。它在海岛上孕育发展，日臻成熟，为古朴的渔家文化注入新的内涵和新的风采，也毫不逊色地在大连民间艺术中成为一个值得赞赏的画种。

蛋壳画

林则南是一名银行职员，同时也是一名蛋壳画艺人。所谓蛋壳画，就是运用水墨丹青手法，在各种蛋壳上作画。传统上，人们管这种手工艺品叫彩蛋或蛋花，南朝和南宋的文献中就有画卵和彩画鸭蛋的记载。由于蛋壳的形状和质地不同于宣纸，所以蛋壳画的绘画工艺和艺术效果都不同于中国画。

林则南小时候在少儿美术学校学习过，有一定美术功底，上高中时在广播中听到关于蛋壳画的介绍感到十分有趣，就立即找来8个蛋壳，在上面画了一套《八仙过海》，虽是初次尝试，却也画得有模有样。参加工作后，她的业余生活主要是画蛋壳画，逐渐摸索总结出了一套新工艺、新画法，概括起来就是选蛋、洗蛋、磨蛋、画蛋四道工序。

蛋壳画·八仙过海　作者：林则南

选蛋要选表面光滑，没有

明显斑痕，上尖下圆、体态匀称的鸭蛋、鹅蛋和鸵鸟蛋，一般不用鸡蛋。洗蛋是用小铁钉在蛋的侧面凿一个小眼儿，用注射器抽出蛋清蛋黄，反复注水清洗蛋壳内部，然后用胶把小眼儿封死。磨蛋是用粗细砂纸打磨蛋壳，直到光洁如镜才可下笔。画蛋时用最小号的狼圭蘸着油彩精描细画。油彩与调色油的搭配很有讲究，调色油多了不上色，调色油少了画面干巴枯燥无灵气。林则南用三棱针轻轻刮去败笔，用棉花球处理和渲染过渡颜色，显出明暗和层次。她的蛋壳画能表现国画和水彩画中的题材，其精致和细腻的程度不亚于在宣纸上作画，动物的绒毛、人物的发丝根根清楚，历历在目，眼神和姿态活灵活现，衣袂飘飘，静中有动。她充分利用蛋的圆形状态，在有限的弧面上营造出无限的画意，画面凝重，留白莹洁如玉，小中见大，可以在三面、四面欣赏，旋转变换，流光溢彩。如《八仙过海》，构图十分巧妙，画面之外仿佛还有内容。她用鸵鸟蛋画的雄鹰不仅画出了鹰的雄姿，也画出了鹰的气势。林则南秀外慧中，研究和创作蛋壳画已经近二十年，她擅长画人物，也能画山水，笔墨功夫十分了得。她曾经想辞去工作专搞创作。通过多年实践，她在蛋壳画工艺上也屡有创新，作品常常被国内外朋友看好购买。她志存高远，要在大连蛋壳画的创作上打造出自己的品牌。

手绘帛画·旗袍　作者：周顺祥

帛　画

在丝绸锦缎上绘画被称为帛画。大连帛画以两种面目出现，一是绘在旗袍、T恤上，二是绘在手绢或块状丝织物上。这两种面目皆画面舒展飘逸，颜色水洗不褪，既实用，又有观赏性。

大连帛画艺人都有美术功底，尤其擅长国画，对水墨丹青的运用都是从在宣纸上作画开始的，后来才独辟蹊径，专攻帛画。他们利用丝绸锦缎和新型纺织材料的柔软、半透明质地和经纬纹理，用勾、勒、晕、染手法，手绘出的帛画别有情趣。

手绘帛画·富贵 作者：何燕文

西岗区的周顺祥出生于中医世家，却迷恋绘画艺术，小时候常在父亲的处方上乱画，五岁时画虎一鸣惊人，以后又画山水和人物花鸟，国画造诣很深。20世纪80年代，他心血来潮，将自己擅长画的老虎图案手绘在T恤上，被中外人士视为珍品，纷纷购买。2009年开始，在朋友的建议下，他将手绘帛画艺术应用到最具中国特色的服装旗袍上，在上面手绘出雍容华贵的牡丹和俏丽傲雪的梅花等寓意吉祥富贵和高洁的花卉，达到了类似于国画和刺绣的效果，更加衬托出女性的高贵典雅、贤淑温柔及冰清玉洁的性情和气质。这种国画艺术和服饰艺术的完美结合，相得益彰，不但时尚，而且文化内涵丰厚，所以大连模特和中老年人都喜欢穿或收藏他手绘的旗袍，在国际上也产生了不小的影响。

周顺祥的手绘旗袍有个性，有文化底蕴，这得益于他的绘画功底，还得益于他对女性的观察和对美的发现。他的创意来源于生活，又为生活中的美服务，他在这个过程中完善了大连帛画工艺。

何燕文的帛画是另一种表现形式，主要用于装饰，题材更为广泛。她可以在任何一种丝织物或新型纺织物上绘画，手法多样，运笔自如，画风潇洒，画面清新亮丽，带有灵气。

皮雕画

手工皮雕工艺起源于欧洲，是一种古老的艺术门类，最初一直服务于皇室和贵族，都是手艺人私下传授，直到20世纪以后才在民间流传开来。皮雕工艺由台湾传入大陆。皮雕采用优质的植鞣革，在头层牛皮上雕刻，经过描图、割刀线、印花工具雕刻、染色、保养、缝制等一系列纯手工工艺精制而成。产品有各种包、腰带、马鞍、刀鞘等实用皮具，图案以唐草纹为主。

金州的班玮自2001年在国外学艺归来之后，便率先尝试创作具有版画、书法、水墨风格的皮雕画，题材涉及人物、花鸟、山水等，使皮雕更具可供观赏的艺术性，成为风韵独特的皮雕画。凭着对中国传统文化的喜爱，2010年班玮用了将近一年的时间，完成了大型皮雕画《清明上河图》。全图雕画部分的尺寸是原作大小，线条流畅，层次分明，尽显皮雕画艺术之美，堪称皮雕艺术中的精品，第二年亮相于国内顶尖博览会，博得高度赞赏。

刘勇是大连市非物质文化遗产项目金州皮艺的代表性传承人，他的皮艺、皮雕技艺师承家传，颇有根底，本人又善于思考，刻苦钻研，勇于创新和进取，所以他创作的皮雕画题材广泛，内容丰富，刀工精湛，手法独特。《唐草挎包系列》、《梅兰竹菊》、《唐草贝壳包》、《鱼》、《花

皮雕画·清明上河图（局部） 作者：班玮

之绽放》、《迷你皮雕马鞍》等皮雕作品，极富文化内涵，各具艺术特色，有的粗犷大气，有的秀美细腻，有的继承传统，有的创意新颖，每个作品都出手不凡，给人以耳目一新的感觉，使人领会到皮雕的独特魅力。他与班玮相互切磋，互有教益，共同开创出大连皮艺和皮雕画的新天地，为大连地区的民间艺术园地增添了一朵奇葩。

皮雕画·迷你皮雕马鞍　作者：刘勇

内壶画

大连工艺画中有一种画叫内壶画。画有内壶画的鼻烟壶称内画壶，又叫内画鼻烟壶，起源于清代。鼻烟壶早已退出人们的日常生活，如今内画鼻烟壶华丽转身，成为我国工艺美术的一个浓缩的结晶，集多种工艺技术于一身，极具观赏性和收藏价值。

关于内画鼻烟壶的形成有一个传说。清代，一个地方上的小官吏进京办事，鼻烟壶里的鼻烟用尽，他便用烟签去挖鼻烟壶壁上的烟灰，形成许多划痕，一个有心的和尚看见了，就试着用竹签蘸墨在鼻烟壶内壁画上图案，于是便诞生了这个奇特的画种。真是这样的话，那就成就了中国工艺美术史上的一段佳话，也造就了从那以后为数不多的内画鼻烟壶艺人。

内壶画很难画，就是在北京这样的内壶画发祥地，会画内壶画的艺人也不多。年轻的周燕霞聪慧灵巧，继承父艺，师法冀派内画鼻烟壶工艺，曾应邀参加过国际中国鼻烟壶学会年会，得到大师指点，技艺突飞猛进。她已经从这个行业中脱颖而出，跻身国内高手行列了。

内壶画的工艺考究，画师选好不同质地的透明小壶以后，先用铁砂在瓶内摇磨，使内壁平滑呈乳白色。然后用纤细画笔伸进口小如豆的瓶内，将画稿反向临摹在内壁上。山水风景、人物典故、花鸟鱼虫皆可入画，诗情画

内壶画·山水　作者：周燕霞

意充满方寸之间，意蕴风采洋溢在壶内壶外，是中国独有的民间绝活儿。

内壶画的创作十分艰辛，不仅受绘画空间的限制，还要有极敏锐的逆向思维能力，作画时须全神贯注，发力于腕，行气于笔，成竹于胸。周燕霞师法的冀派内画鼻烟壶是中国内画鼻烟壶四大流派之一，以国画色和油画色综合模拟多个画种的画面效果，造型准确，精皴细染，风格典雅，她深得冀派内画鼻烟壶真谛，演绎得十分到位。她的画笔是她亲手制作的，用金属杆加上黄鼠狼的毛（狼毫即用黄鼠狼的毛做成）制成勾笔，画线条的笔细如针尖，涂颜色的笔稍微粗一些，画一个内壶画要用好几支不同的画笔。她作画时不打草稿，不勾轮廓，眼疾手快，一笔画成，将春夏秋冬、人间百态，在小小壶中表现得尽善尽美。她寄情于内壶画，作品题材广泛，画面丰满，艳而不俗，能在各种大小和形状的瓶内作画，拇指大的内画鼻烟壶小巧玲珑，其精巧和美妙令人难以置信。

沙　画

沙画又叫彩沙艺术画，画面流畅，层次丰富，图案线条精细清晰，敦厚庄重，色彩饱满鲜艳，亮度高，不褪色，不变形，具有立体效果，纯手工制作，具有装饰、欣赏和收藏价值。

大连沙画艺人周建勤从景泰蓝彩沙画的制作过程中受到启发，拜师学艺，以彩沙为原料制作京剧脸谱和民族人物画，创建了自己的沙画工作室。经过多次摸索实践，掌握了不同彩沙的特性，不断创新工艺，最终做成以景泰蓝艺术为基础的彩沙艺术画。以不同颜色、不同质感的沙作画，是一种新的表现形式，水墨一样的写意，油画一样的厚重，取自自然而再现自然。

大连还有一种与周建勤彩沙艺术画不同的沙画艺术，是用细沙创作出流动、变幻而体现瞬间美的画面，已经在国内沙画圈内闯出名气的董邵鹏是其

沙画·可爱　作者：周建勤

代表性艺人。他的画板是一个类似旅游箱的盒子，内中安装了几个能放射出不同颜色光线的灯管，灯管上方盖上一层白色透明亚克力板，如同一块油画布，画笔就是一盒盒精挑细选的沙子。作画时，在画板上铺上一层细沙，两只手在“画布”上勾勒，抓一把沙子从掌缝间撒下，一幅风情盎然的沙画就在眼前展开。突然手掌一抹，画面陡然一变，另一幅迥然不同的沙画又瞬间显现。几分钟内就会有不同的场景和人物在眼前闪过，动人心弦。

大连还有一种立体沙画，董兴勋能用五颜六色的彩沙在透明度好的玻璃瓶内一层一层地堆积出各种人物、动物、花卉、风景，用心之巧，手法之妙，观感之美，难以言表。

周建勤、董邵鹏和董兴勋等沙画艺人将沙画艺术融入大连本土文化，创作出许多

沙画·骆驼　作者：董兴勋

表现大连海滨美景的作品，如大连风景系列、海洋系列、老街老建筑系列、节日情景系列等，使彩沙艺术画为大连工艺画的百花园又增添了一枝新花。

宝玉石嵌丝画

中国有许多特殊的金属工艺，如把金、银等金属抽成丝，用堆垒、编织技法制成工艺品，或者把金属薄片捶打成器皿，錾出图案，镶以宝石，或者先制紫铜胎，再用扁细铜丝在胎上粘出图案，用色彩不同的珐琅釉料填充，其中既有中国传统工艺，又受外来技艺影响。大连市西岗区的李宝林借鉴这些金属工艺和沙画的表现手法制作出的宝玉石嵌丝画，可谓创意新颖、工艺独到、别具一格，为大连工艺画又增添了一个稀有品种。

李宝林艺高人胆大，凭着从事工艺美术工作几十年的经验才钻研出这门工艺。李宝林的父亲是美术工作者，受家庭影响，李宝林小时候就喜爱绘画，后来在父亲的指导下，用电机上的漆包线做线条，把沙石和锯末染上颜色，镶嵌粘贴，制作出毛主席画像和工农兵形象。参加工作以后又专门从事薄木镶嵌画的设计和制作，转益多师，功底深厚，绝少陈规俗套，亦无门户陋习，技艺娴熟，作品精巧，名噪一时。20世纪八九十年代，市场上金属丝材料多了起来，不甘寂寞、不愿墨守成规的李宝林从景泰蓝、西藏唐卡

宝玉石嵌丝画·花卉　作者：李宝林

的制作方法中受到启发，突发灵感，用金属丝和粉碎、抛光以后的石、玉、玛瑙等材料，经过镶嵌、粘贴等多种工艺，做成宝玉石嵌丝画。流畅的金属线条及其金属光泽，粗犷的彩石颗粒及其自然颜色和质感，使形成的画面凝重典雅，浮雕凸显，神韵生动，永不褪色。李宝林很有创新意识，他的宝玉石嵌丝画工艺还能应用到葫芦、瓷盘、手机壳上，熠熠生辉，光彩夺目，装饰性极强，受到不同年龄段人士喜爱，许多作品被国内外人士收藏。

宝玉石嵌丝画·锦鸡　作者：李宝林

宝玉石嵌丝画工艺十分复杂，一幅画的完成需要几十道细致入微的工序，李宝林是典型的东北汉子，他能制作出这么精致迷人的宝玉石嵌丝画真是出人意料，叫人佩服。

豆　画

大连有一种工艺画，历史不长，却已走向世界，名声很响，它就是拥有国家专利的崔岩豆画。有诗人赞叹道："崔岩把各式各样的豆子种进她的梦里了，于是这些豆子不分季节地生长，生长成一幅幅动人精美的画面。"的确，利用人们平常食用的豆粒手工作画，让一个个豆粒成为一个个跳动的音符，去讴歌人世间的美妙，只有像崔岩这样聪慧灵巧又优雅多情的女子才能想得出、做得到。

崔岩豆画扎根于中国民族文化的土壤，利用豆粒本身的自然形状和自然色泽，表现朴素的民风民俗和平民的欢乐生活，尽管没有剪纸和传统工艺画那样历史悠久，却有同样深厚的文化内涵和蓬勃的生命力。从《大花轿》、《新王婆卖瓜》、《过新年》、《茶馆》、《丰收图》、《三个和尚没水喝》等充满生活情趣的崔岩豆画中，人们很容易感受到中国传统文化之美，也能领略到以豆作画的工艺美，所以豆画能被崔岩带到世界各地，甚至被挂到外国使馆的墙壁上。

豆画的造型需要新颖巧妙的构思，绘画水平是基础，豆粒的搭配和粘贴的手法也很关键。一幅作品往往需要用十几种豆子，既不能雕琢豆粒，又不能涂抹上色，还要防腐防蛀，全凭自然天成，因此作者必须独具匠心，调动灵感，才能让手中的豆粒产生神奇的组合。

崔岩曾经是一名国家干部，因为对艺术的热爱而放弃公职，投身豆画创作，获得国家专利。近年来，她又在豆画的基础上，利用石头、秸秆、泥土、纸张等环保材料研发了许多种具有大连特色的旅游文化产品，它们都像豆画一样新奇精美，经常被有关部门当作大连礼品赠送给国内外友人，也在国内外市场上得到青睐。

大连学者于植元先生为崔岩题词：“古有撒豆成兵，今看豆画精工，难在匠心独具，便觉妙趣横生。”崔岩曾经亲自租地播种，收获自己想要的豆粒，现在已搜集到上百种豆类，供她大展身手。当一个文静女子像村夫一样

豆画 · 丰收图　作者：崔岩

豆画·明珠之恋　作者：崔岩

在田野上为了艺术上的追求而耕作忙碌时，收获的就不仅仅是豆粒，她今天的艺术成就那时便已注定。

工艺画是大连民间艺术中很重要的一部分，从艺者众多，各用各的材料，各有各的绝活儿，都创造出了神奇魅力。工艺画借物作画，就地取材，从百姓的生产和生活中产生，最符合民众的审美观，雅俗共赏，各得其美，各享其乐。随着新型材料的出现和科学技术的发展，大连品种繁多的工艺画必将在继承中创新，在变革中发展。姹紫嫣红、千姿百态的工艺画是大连民间艺术园地里的一朵朵奇葩。大连艺人在对美的向往和不拘形式的艺术追求中，倾注了感情，发挥了才智，无论使用哪一种工艺的创作，都值得尊重和欣赏。

雕刻篇

精雕细刻形神美

雕刻是在木、石、金属、骨头等各种材料上用刻刀等做出具有实在体积的形象的空间艺术，是由外而内、循序渐进的削与减，是作品一点儿一点儿脱壳而出的创作过程。我们无从得知人类何时有了第一件雕刻作品，从实物资料看，河北武强出土的石雕人头距今已有7000多年了，可见中国雕刻历史之长。大连市甘井子区营城子汉墓出土的汉砖已经可以看出透雕、浮雕、刻线等多种装饰雕刻手法，可见大连雕刻渊源之深。

一把小小的刻刀，拿在雕刻艺人手中，就能在或贵重或朴素的原材料上雕琢美器、刻画悲欢，演绎着鬼斧神工，留下美好的瞬间和永久的纪念，创造出难以估量的价值。

由于材料限制和历史原因，大连雕刻艺术主要表现为贝雕、玉雕、核雕、木雕、石雕、微雕和新出现的蛋雕、沙雕等。

贝 雕

贝雕是以贝壳为材料，通过手工雕刻制作工艺品的民间技艺。贝壳千奇百怪的自然形态、神妙无比的天然纹理、厚薄不一的多层结构和绚丽多彩的潜伏色泽，经过加工处理会产生妙不可言的视觉效果。贝雕艺人就是根据不同贝壳的特性，把国画手法、刺绣技法和雕刻技巧结合运用，创作出清秀富

贝雕·九龙壁　作者：金阿山

丽、风格独特的贝雕作品。

把海贝壳打磨穿孔就成了贝币，这是人类社会最早出现，使用最广泛、最长久的实物货币。广泛利用各种贝壳制成独具一格的贝雕工艺品，在近70年迅速发展。海滨城市大连得天独厚，是贝雕作品的主要产区之一。大连的贝雕作品，曾经兴盛一时，扬名国内外。

贝雕大师金阿山，是大连贝雕界乃至中国贝雕界的领军人物，为大连和中国贝雕在世界上争得很多荣誉。他从事贝雕艺术半个多世纪，师从老一辈艺术家，具备扎实的基本功和理论修养，刻苦钻研，勇于创新。

其贝雕技艺集牙雕、玉雕、木雕、石雕、微雕等各种雕刻手法于一体，取绘画、书法、雕塑、篆刻等众门派之长，继承和发扬了中国传统工艺，巧用贝壳的天然色泽和纹理形状，精心雕琢，作品构图新颖、工艺精湛、色彩绚丽，每件都极具艺术价值。

例如《九龙壁》，是根据北京北海公园九龙壁制作的大型贝雕立体作品，采用珍贵的贝壳，利用其本色，配以黄金、宝石精雕而成。又如《麒麟》，采用鲍鱼壳

贝雕·龙船　作者：金阿山

和黄金、宝石及其他珍贵的材料精制而成，成对摆放。再如《龙船》，在一条船上设计了中国古代建筑，如六角房、四角房、圆房等，采用各色鲍鱼壳制作，并配以珍珠、宝石、黄金，在制作上采取了新工艺、新技术。

金阿山有多项科研发明多次受到国家级和省部级嘉奖，他所承担的轻工业部科研项目“贝壳软化成型工艺”和系列产品样板间，以及发表的多篇论文，早在20世纪80年代末就在中国贝雕界和轻工业界引起很大反响，备受赞誉。

虽然金阿山被业界称为“中国贝雕第一人”，但他总是在不断地开拓进取，特别是近年来他在贝雕的新工艺、新技术开发方面又推出了“珍贝艺术”新理念。他采用新工艺、新技术把贝壳和黄金、宝石结合起来，创作了全新的立体、浮雕、平贴、镶嵌、唐卡等系列新作品，取得了极大的成功。其作品2012年应用于北戴河国宾馆的立体群雕中，开创了大型贝雕、立体雕应用于大型装饰装修项目的先例，受到了业界与各级领导的好评。“珍贝艺术”作品《麒麟》首次亮相于第十五届中国工艺美术大师作品暨国际艺术精品博览会，令国内外参观者眼前一亮，叹为观止。

贝雕·花开富贵　作者：金吉

金阿山全家人都在从事贝雕手工艺行业的研究与贝雕的制作。在技艺传承方面，他与从事贝雕制作的夫人一道，把技艺传给了两个儿子和孙子。海南技师学院成立“贝雕”和“砗磲”两个专业班，金阿山被聘为客座教授，他努力为中国贝雕行业培养更多的人才。

在金阿山艺术馆里，陈

列着上万件贝雕精品，向人们展示着贝雕的风采和魅力。金阿山艺术馆已成为辽宁省非物质文化遗产项目大连贝雕的传承基地，也是辽宁省内各艺术院校的实习基地，为中国贝雕文化的发展做出积极的贡献。

金吉是父亲金阿山的助手，他参与主持了大连贝雕各项科研和创新研究工作，在完成“贝壳软化成型工艺”的后续产业化利用和作品设计制作，工艺、工装配套等方面做出积极的贡献，使该技艺和产品达到国际领先水平。

金吉在贝壳软化技术的基础上，和父亲一起研究和提出了贝壳物理软化新概念，推出了“珍贝艺术”系列作品，该工艺和作品的问世一跃领先全国及世界同行业30年。

金吉参与设计制作的“珍贝艺术”系列精品《九龙壁》、《麒麟》，以及自行设计制作的《珠光宝瓶》、《如意》、《福寿对瓶》、《花开富贵》等都因充分展现了中国贝雕的艺术魅力和独树一帜的创作风格而备受世人瞩目和赞赏。

金吉在金阿山的带领下，制作了大型“珍贝艺术”立体贝雕《九龙天坛》，这是继《九龙壁》以后的又一件大型贝雕，是向祖国70周年华诞献礼的精品力作。

金朕宇是金吉的儿子，2016年毕业于鲁迅美术学院，自小跟随爷爷金

贝雕·夜帆　作者：金朕宇

贝雕·观音　作者：王显喜

阿山及父亲金吉学习贝雕技艺，毕业后又在金阿山贝雕工作室继续学习，已经独立创作出《夜帆》、《一帆风顺》等贝雕作品，是一个非常有潜力的贝雕艺术传承人。

从事贝雕艺术创作几十年的王显喜曾在大连贝雕厂工作过，他怀着对贝雕艺术的满腔热情，痴心不改，坚持至今。从平贴接拼贝雕画到让贝雕走下墙的立体浮雕，从山水、花鸟到古今人物、贝雕饰品，他的贝雕越做越精，无所不及。贝雕工艺一般都要经过构图、选料、贴贝、打磨、细刻、上色、上光、配框等工序，每道工序王显喜都有独到的实践经验。例如，他用紫蛤壳设计的一款贝雕饰品的创意就突破常规，大受爱美青年的欢迎。王显喜雕刻贝雕人物，更是颇有心

贝雕·丹凤朝阳　作者：王显喜

得，堪称一绝。

王显喜在到处淘弄贝壳的时候，头脑中就已经完成了作品的设计，再根据淘到的贝壳的特性，不断在心中加以改进和完善，到动手做时已胸有成竹。为了保证作品质量，他对贝壳挑选很严，要求厚、大、无虫眼、无裂缝。但即便有了称心的贝壳，雕刻起来也可能会因为一个小小的失误而废掉，例如他雕刻14个三国演义人物就先后用去了30个大贝壳，仅曹操一个人就废掉了3个大贝壳。他的作品不允许有一点儿瑕疵，哪怕是一根头发一棵草也要雕刻到位，所以件件都能充分表现出贝壳的自然美和雕刻的工艺美。日久天长，他的右手中指内侧磨出了一层厚厚的老茧，眼睛外鼓，视力也大大下降了。

贝雕·引吭三唱　作者：大连贝雕有限公司

贝雕人物要求栩栩如生、形神兼备，这是贝雕工艺中最难掌握的。王显喜借助四大名著和连环画反复揣摩人物形象，读懂有关文字，加深对人物内在情感的理解，不断探索琢磨。他在2002年前后完成了一套水浒传人物头像，在2007年完成了一套100多个红楼梦贝雕人物，随后又创作了106个三国演义贝雕人物和100多个西游记贝雕人物。他的贝雕人物作品，《关公》能看出忠义，《张飞》能看出性格中的粗中有细，《孙悟空》能感觉到猴里猴气。他对贝雕艺术的创新和开发深得业内人士好评。

大连除了有王显喜这样的贝雕艺人，还有多家聚集了多名贝雕艺人集中生产的贝雕制作兼对外经营的公司，其工艺流程与王显喜的工艺流程大致相同，有的采用国内外珍稀贝壳做原料。

贝雕是极具大连海洋文化特色的民间艺术。大连在全国最先成立的贝雕厂大连贝雕厂有过一段相当辉煌的历史，它的后继者大连贝雕有限公司在大连贝雕艺术日渐沉寂时不离不弃，薪火相传，通过创新工艺在国内外再现了大连贝雕的风采，也保留和造就了几十名技艺高超的老中青贝雕艺人。贝雕艺人们在传统工艺的基础上运用能使贝雕作品更轻、更平整的螺钿工艺和立体贝雕、贝雕特艺等工艺，创造出很多精雕细琢、打磨镶嵌的半浮雕工艺品。如螺钿漆器系列，每件作品都选用珍稀贝壳，由具有20年以上经验的贝雕艺人经过40多道工序手工加工而成，构图新颖，画面丰满，雍容华贵。又如贝雕龙壁，长7米、高2.9米，历时3年，由多名艺人在数万枚贝壳上手工打磨、雕刻和拼贴而成。龙壁前后各有9条主龙，其他部位共有1388条子龙，形态各异，生动传神，仿佛腾空而起，龙壁上的浪花、鳞片、底面、瓦当无一不精，异彩纷呈。大连贝雕艺人为大连海滩上随处可见的贝壳赋予了生命，尽显其美，创造出新的传奇。

大连市黑陶文化研究会研制的黑陶，采用了黑陶与贝雕相结合的工艺，实现了大连传统的黑陶文化与具有大连特色的贝雕工艺的完美结合，开拓了二者的发展空间。

无论是个体贝雕艺人，还是贝雕作坊里的贝雕艺人，他们都在用自己的聪明才智为振兴具有大连特色的贝雕艺术做贡献。因为有了他们的努力，大连贝雕才能在繁荣一时后没有消沉远去，才有了持续的发展和创新，使大连的这一特色产业又渐成规模，在中国工艺美术行业中名列前茅。

玉　雕

玉是温润而有光泽的美石，常被用来比喻洁白或美丽，寓意高尚纯洁。中国在新石器时代就有玉制工具，而后发展到玉器。1978年出土于长海县小珠山遗址下层的玉斧距今约7000年。中国玉文化源远流长，内涵极为丰富，玉雕工艺也因此成为中国古老而著名的特种工艺之一。

大连地区并不产玉，大连玉雕艺人都是在外购的白玉、碧玉、翡翠等玉石上量料取材，因材施艺。现在，大连玉雕艺人屈指可数，但在1974年成立大连工艺美术厂时曾经有数十名雕琢玉器的技工，生产的玉雕作品大部分出口，在国内外大有名气。当时国内其他玉雕厂的技工大多只负责玉件某一部分的雕琢，而大连工艺美术厂打破行规，从选料、设计到雕琢，甚至到销售都由一人完成，充分相信技工的聪明才智，激发了艺人的主观创造力，精品力作层出不穷。

周东正、黄国强、李茂阳、张增海等人都是大连工艺美术厂建厂时的玉雕工，都是目前大连玉雕艺术的代表性艺人，有着几十年的玉雕经验，技艺炉火纯青，他们的作品出类拔萃，屡屡成为交易会和博览会上的亮点。他们继承了中国传统的手工玉雕技艺，又与时俱进，追求作品思想内容和艺术形式的完美统一。雕琢前，他们会长时间地端量玉石的自然形状、质地、色泽、纹理和透明度，苦思冥想，借助经验，调动灵感，往往在瞬间产生令人称奇的创意，设计出美妙的画面。雕琢时剜脏去绺，随时进行二次、三次设计，对原设计构想加以丰富和完善，随机应变，扬长避短。雕琢成形后还要经过抛光和配座。一件小型玉雕作品需要耗时月余，大型玉雕作品则要费时一年或数年。

早在1981年，周东正和李茂阳等人在厂子里设计雕琢的大型高档碧玉玉器《鉴真东渡大花熏》就以“山川异域、风月同天、寄诸佛子、共结来缘”的创意和超凡脱俗的精湛雕工扬名玉雕界，在国家举办的展会上一亮相就被外商以2.8万美元的高价买走。这在当年不是一个小

玉雕·飞黄腾达　作者：李茂阳

玉雕·大唐盛世　作者：周东正

玉雕·观音　作者：张增海

数目，轰动一时，工艺美术界的权威人士曾专门撰文介绍此件玉雕作品，给予极高评价。

周东正年龄稍长，老成持重，功底扎实，创作了许多大型玉雕精品。李茂阳热情豪爽，作品豪迈大气，尤其擅长因材施艺，一块别人看不上眼的玉料，往往一经他手，便能被雕琢成一件令人眼前一亮的玉器。比如，他受邻居家种的黄瓜启发，将一块碧玉大件的边角余料雕琢成一件名曰《飞黄腾达》的小挂件，细微之处见精神，寓意吉祥，人人说好。因为有了名气，他还经常受聘到国内各地指导汉白玉等玉石大件的创作。张增海有自己的玉雕礼品公司，却更愿意让别人把他当作一个玉雕手艺人。磨玉是个苦差事，勤奋和执着培养了他琢玉的才情、学识和悟性。他的作品题材广泛，尤其擅长雕琢观音和仕女，其作品神态端庄，衣纹飘逸，且有一种动态之美。宽200厘米、高160厘米的九色玉石雕《九龙壁》利用玉石天然纹理表现龙的纹路，用平雕、浮雕和螺钿镶嵌工艺，精雕细琢而成。由镂空立体的牡丹、金橘等组成的《吉祥盆景》也是他的代表作，亦是玉雕中的创新之作。周东正、李茂阳和张增海这一代老玉雕艺人能够数十年坚持发展玉雕这门难度大、技巧要求高的寂寞技艺，在厂子不在以后，仍然痴心不改，除了对这门手艺的自信和不舍以外，还有对中国玉文化的崇拜，也许还有对当年奋斗在大连工艺美术厂中那段青春岁月的留恋。

核　雕

读过《核舟记》的人大概都会对核雕产生浓厚的兴趣，其实中国核雕艺术在世界上一直占据领先地位，公元1500年前后就有许多核雕工艺品流向国外，核雕被外国人称为一种不可思议的雕刻艺术。1915年世界工艺品博览会上，中国选送的核雕作品《中国马拉轿车》获得金奖，从此中国的核雕工艺品蜚声海内外，享誉全世界。

核雕是在桃、杏、橄榄等水果的坚实果核上进行雕刻的工艺。早在几千年前，我们的祖先就用桃核雕刻各种饰品，供人佩戴。传说桃木能驱邪灭灾，道士驱鬼捉妖时手持的剑历来都是用桃木做的，“桃”与“逃”谐音，寓意避祸禳灾，而佩戴桃核雕刻的物件能给人带来吉祥、幸福和平安。

核雕艺术盛行以来，从未间断，但民间从事核雕创作的奇巧人士并不多，用料除了广泛使用的桃核以外，也有杏核、橄榄核等。这种在“核”上施展的民间技艺有“刻棘镂尘之巧”，被赞誉为“鬼工神技”。

大连核雕品种主要是深受民众喜爱、材料来源丰富又最具中国传统文化特色的桃核雕。

桃核质地坚硬，表面花纹变化无常，中间空心，横截面有许多不规则空眼，每一枚桃核的纹理和凹槽都不一样，质地、密度、硬度、弹性也各不相同，雕刻起来十分不易，一般都是立雕、浮雕，充分利用桃核的形状和麻纹，因材施艺，精心布局，相形投巧。

桃核雕刻艺人在创作某个作品时，都是先根据题材内容和故事情节，选好借形造景的桃核，然后即物联想，借势运刀，调动灵感，体验和表现自然乐趣。在创作过程中，遵循精简、浓缩、概括的原则，用刀刚柔相济，切刮相巧，见机而动，视意运力，尽可能多见形，少用刀，充分利用桃核的原生态势，创作出和谐自然、众妙必备的艺术佳品。桃核质地坚硬，不易破碎，几百年也不会损坏，被贴身佩戴或用手掌磨弄时间长了会发出油润的光彩，越发惹人喜爱。

承袭家传又博取众家之长的韩志耀是大连专业桃核雕刻艺人，也是这项省级非物质文化遗产的代表性传承人。核雕这种技艺在人们的印象中似乎只应出现在山娇水媚、烟波画船的江南，即使出现在北方，这种饱含文化信息的古老艺术也应该是在北京、西安、洛阳那样历史悠久、文脉昌盛之地，韩志耀的桃核雕刻造诣令人感到意外，实属大连民间艺术的特例。这其中，固然有姥爷和母亲熏陶的原因，但也缘于他的勤奋自学和敏锐的感悟，更得益于他对中国传统文化，包括对中国篆刻、剪纸、书法、绘画等艺术的研究和吸收。他的作品题材广泛，内容丰富，造型生动，寓意深刻，四大名著、寓言故事、成语故事、动物、花卉、山川风景无所不雕。芥子容纳大世界，妙趣荟萃方寸间。

核雕·浪舞　作者：韩志耀

桃核雕刻，思维过程多于用刀过程。韩志耀通常选择比较肥厚、可供雕刻的凸起面积较大的成熟桃核进行创作。下刀前，心先有形，眼先有画，进行大框架构思，在杂乱无章的桃核面上选取一点儿可雕的面积做主图，把桃核上面的竖线、斜线进行处理，使之成为为主图服务的配图，边思考，边下刀，逐渐完善，达到完美。

韩志耀雕刻桃核无固定手法，常

多种手法并用。在长期实践中，他自制了不同长短粗细、各种开头的刀具几十种。他掌握了用刀的一套基本规律，由熟至巧，几乎达到了随心所欲的境界。他在雕刻时，因为桃核质地坚硬，刀下会发出清脆的响声。精雕细刻之后，核雕表面带有光亮，核雕上链条、活环、多层滚动绣球的运用，使他的桃核雕刻有了更丰富的表现力和艺术魅力。

例如，他根据《核舟记》的文字记载创作出核雕作品《核舟记》。经过考证研究，他在原来基础上对8扇窗户进行了镂空处理，诗文雕刻在船背，舱内加刻了吹箫人、书童、客人，舟上的3毫米茶壶腹中空虚，壶腹与壶嘴相通，壶盖开启自如，刀笔功夫不凡。

取材于中国古船造型的《核舟大观》系列作品写实逼真，雕工刚劲有力，个个精巧玲珑。《钓》中的招财童子持钩钓鱼，创意新颖，浪花涌动，颇有情趣。《自然美》中的人物可以转身。《戏珠》中的套球内层、外层球体都能滚动。《会友》中的人物尺寸只有3毫米，耳、鼻、嘴、手俱全，神态自然宁静。《扬帆》、《画舫》和历时两年

核雕·核舟记　作者：韩志耀

核雕·五鬼运财　作者：王守国

创作的《宋·民俗风情图》等核雕作品都是韩志耀心血浇铸之精品力作。

王守国，2011年开始核雕艺术创作，2013年成立王石雕刻艺术工作室，主攻竹、木、牙、角、骨、核类材料的雕刻创作，多年来一直致力于传统雕刻文化的弘扬及核雕艺术的发展和传承。他借鉴前人经验不断完善自我，作品全部自行设计，坚持原创，形成独具特色的创作设计风格，深受广大文玩收藏爱好者的喜爱。他的核雕作品题材广泛，有丰富的文化内涵，无论是在作品主题，还是在表现形式、雕刻手法方面，都有独到之处，既继承传统，又有所创新，雅俗共赏。他的代表作有《钟馗纳福》、《五鬼运财》、《连年有余》、《吉祥文字》、《鬼王》、《不动明王》、《大悟成空》、《五虎将》等。

核雕从诞生之日起就是少数人从事的艺术，技术要求精湛，出力费时，传人稀少。核雕艺术在大连并不像别的民间艺术那样遍地开花，甚至不为人知，但是核雕确实是我国民间艺术园地中一朵奇异的花，也是中华民族的一项非物质文化遗产，因此，很有存在和发展的必要。

木 雕

过去，手工木雕的物件在人们的日常生活中随处可见，从缠线板、墨斗、拐杖、卖豆腐敲的梆子、洗衣服用的棒槌，到茶几、高桌、太师椅、屏风、衣柜等各式家具，到神像、佛龛、祭祀法器，几乎所有的木制品都或多或少地带有木雕工艺的痕迹。木雕艺人用粗糙的大手和简陋的工具，让死木获得新生，开出有灵魂的艺术之花。

说到大连传统木雕技艺，当首推普兰店的孙氏家传木雕。现在的传承人孙景年的祖先孙文成，在约240年前就从事手工木雕活计。当时的孙氏家族手艺人参与了北京、沈阳和普兰店的宫殿、庙宇建设和修缮工作。孙文成因为不用画图纸，下刀准确而得名“孙一刀”。

孙氏木雕讲究雕刻内容的疏密安排，人物姿势动态变化多而生动，景物层次的来龙去脉清楚，重叠而不含糊，表现内容涉及吉祥喜庆、节令习俗、故事戏曲、历史典故、风景花卉、法器神器等。孙氏木雕分为实用性雕刻和装饰性雕刻两种，其中装饰性雕刻的画面设计与传统的中国画白描画法一脉相通，在一定的平面和空间范围内，表现的内容比西洋浮雕更为丰富。两种雕刻雕工都很复杂，有圆雕、浅浮雕、深浮雕、薄浮雕、高浮雕、多层叠雕、锯空雕、镂空雕等，刀法圆润，细腻流畅，简练清澈，刀下保留原木的天然纹理色泽，或清淡，或凝重，格调高雅。

孙氏木雕的工艺流程为选材、凿粗坯、掘细坯、雕刻、修细、打磨、着色上光。一般选用核桃木、椴木为雕刻材料，先在选好的木料上勾画出有大致轮廓的创意稿。凿粗坯是整个作品的基础，是以简练的几何形体概括全部构思中的造型，有层次，有动势，比例协调，重心稳定，整体感强。掘细坯是调整比例和布局，将具体形态逐步落实。雕刻是心灵与技巧相结合的过程，运刀的转折、顿挫、凹凸、起伏和灵动使作品充分体现出木雕作品的材质美、雕刻美和形式美。修细不是简单的重复，而是去掉刀痕凿迹，将细微造型刻画得更清楚，使之光洁滑爽、质感分明。打磨能使木纹更加显露。着色上光能弥补某些木质的不足和缺陷。

孙氏家族的很多能工巧匠曾经背井离乡，以孙家为代表的普兰店木雕技艺曾经只能在夹缝中求生存。孙景年10岁时，他的父亲不忍心看着已有几百年历史的祖传手艺失传，就手把手地把木雕技艺传给了他。也许是遗传基因的作用，孙景年与父亲心有灵犀，一学就会，继而精通，掌握了孙氏木雕的各种传统雕刻手法，并在雕刻传统木雕的基础上，按照现代人的审美要求，在变与不变中求美求新，作品的雕饰更加精美，神韵越发生动，孙氏木雕后继有人了。

孙氏木雕的雕刻工具

木雕·桃木图腾　作者：孙景年

自学成才的林治荣是大连小有名气的木雕艺人，因为毕业于美术专业，又有制作花灯花车、木刻版画和做各类模型的基础，所以一接触木雕就很快入门，第一件作品《少女》就有形有韵，能从眼神和姿态中看出少女的阳光和对美好生

木雕·关公　作者：林治荣

木雕·仕女　作者：林治荣

木雕·小鹿　作者：林治荣

活的憧憬。从此，他便专攻木雕，痴迷成癖，一日不拿刻刀，一日心不安宁。古今中外人物、形态各异的飞禽走兽、大小不一的烟斗，从1米多高到拇指大小，已经制作了千余件木雕作品。

林治荣天生喜欢木质的东西，最喜欢用寓意吉祥的桃木雕刻人物。在雕刻每一个人物之前，他都要在头脑中模仿构思对象的形态和动作，日思夜想，对镜比画，雕刻《关公》，他就是关公，雕刻《仕女》，他就是仕女，人物的姿态、动作、表情都在他的刀下尽情展现出来，光滑圆润，线条简练。他善于利用木料的天然形状和纹理，因材施艺，例如，《小鹿》的构思就十分巧妙。他的刀工出自心悟，不拘一格，运刀自如，颇具匠心。

石　雕

关于大连石雕艺术，二三百年前就有文字记载。如果考虑到营城子汉墓中的砖石雕刻，那么大连石雕更是根基不浅。目前大连最传统、最有影响的石雕是金州胡氏石雕。

1923年，胡裕忠闯关东来到大连，凭着其父传下来的山东传统石雕手艺谋生，一生制作石雕物品数以千计，技艺历代单传，自成一派。《二龙戏珠》、《凤凰串牡丹》、《鹿鹤同春》、《鲤鱼卧莲》等吉祥主题和传统构图的石雕是其代表作，晚年以大型纪念性石质雕塑为主，不少地方留有其石雕作品。

胡氏石雕分为线雕、平雕、浮雕、立雕（圆雕），其中浮雕和立雕最能体现出胡氏石雕的特点。胡氏石雕主要以大理石、花岗石等硬质石材为原料，以自己打造的铁锤、凿子等铁器为雕凿工具，操作力度掌握颇见功力。作品以写实为主，力求整体完美，注重细节刻画；刀工圆润细腻，纹饰流畅洒脱，刻物逼真形象，刻人气息迎面；细微处如石上绣花，似见衣袂飘动，粗犷处如惊涛拍岸，大气磅礴，无不显示出胡氏石雕的个性魅力。

胡氏石雕有一项绝活儿，就是在雕刻中运用独家技法，使雕刻物的衬托底形成一种类似于细沙的沙地，手摸粗糙不平，观之则具有很强的视觉对比效果，观赏性强。

胡乃成是胡氏石雕的传承人，据说，其祖父胡东光是国内某著名宫殿御路的“双龙戏珠”和“云龙”透雕的雕刻者之一，其父胡裕忠继承了祖父真传，胡乃成又得到了父亲的衣钵亲授，青少年时期就领悟和基本掌握了祖上石雕工艺的精髓，很快成为远近闻名的石雕艺人。他在胡氏石雕的基本风格基础上，吸收其他雕刻工艺的长处，以主题性雕刻和装饰性雕刻为主，更注重作品的立意和内涵，突出石雕的质朴气势，向高大、厚重方向发展，为胡氏石雕赋予了艺术感染力和生命力。

石雕・百财　作者：胡乃成

石雕・横行霸道　作者：胡乃成

程立民是另一类石雕艺人，由赏石而施以刀工雕刻，无师自通，以石为伴，自娱自乐。因为家住椒金山街道矿北社区，出门就能捡到石灰石，所以他常在老伴儿的陪伴下爬坡上山到处挑石

石雕·和平鸽　作者：程立民

头，挑好后搬到家中每天观察石头的形态和纹理花色，想象着雕琢成什么东西才既能保留石头的自然属性特征，又能表现出人工雕刻之美，冥思苦想中往往会灵光一闪，在头脑中浮现出美妙的造型。他曾是国有企业的工会干部，有很高的文化修养，对艺术并非一窍不通。他的石雕作品都是眼前身边熟悉之物，有的有百余斤重，有的体积仅几立方厘米，全都是手工雕刻、手工打磨，以表现动物为主，石料普通，随处可得，但却因创意新颖而化平凡为神奇。由于不精通传统的雕刻手法，下刀反而能随意而为，更加自由洒脱，作品也更能表现出雕刻者的主观愿望。

甘井子区的徐明晋痴迷于砚台雕刻，每件作品都是一刀一刀宁心静气细心镌刻而成。一方松花石笔洗刻有6条金鱼，光鱼尾就刻了半个多月，鱼尾纹500多条。为寻得好料，他曾从吉林白山一次买回4吨松花石，在朋友的帮

石雕·鳄鱼　作者：王晓丹

助下，准备作品到台湾举办手雕砚台展览。

正如《金县志》和普兰店文史资料记载，清朝，大连石匠云集。作为安身立命的手段，石匠们开采大连本地石料，施以不同地区的石艺，雕凿实用性建筑石材和墓碑、铭文。其中有不少技艺娴熟者，不满足于物质生活的温饱，而按照自己的喜好，经常用手头的石料雕刻出一些专门用以观赏的器物。他们有的有家传渊源，有的半路学艺，但都爱石、赏石、惜石，对石性了如指掌。他们那些源于生产、生活，经过一双双长满老茧的手用极为简陋的工具率意畅情雕凿而成的石雕作品，有的并不见得有多么完美，却都是那么自然质朴、敦厚洗练，呈现出北方石雕的豪放与大气。

微　雕

微雕是一种传统的民间雕刻工艺，由于被雕刻的物件面积极小，微雕作品在工艺美术品中最为精细微小，需要用放大镜，甚至显微镜观看，才能分辨出字画人物。

微雕历史悠久，在西周时代的甲骨文上就发现了微雕文字。一般的微雕作品有鱼骨微雕、象牙微雕、纽扣微雕以及发簪微雕、竹筷微雕、笔管微雕等。时至今日，微雕的雕刻工具和雕件都在不断创新。

大连民间有为数不多的微雕艺人，他们在各自喜爱的不同质地的材料上，依照自己的审美思想、艺术修养、技艺特长以及创作意图和表现手法，创作了许多精致的微雕作品。他们都会自己制作大小不一、刀口多样的微雕工具。雕刻细微的字画，刀具尖必须要比笔画细小，只能凭手感、凭意念去磨制，刀具磨成了，微雕才有成功的可能。

大连微雕艺人都练就了一双明察秋毫的眼睛，他们经常排除杂念，意守丹田，专心致志地练习眼功。久而久之，雕刻时，会将物体看得越来越清楚。好的微雕艺人依靠卓绝的毅力，把力量和感觉都集中到刀口上，刀随意志运转，丝毫不差。他们喜欢在寿山石、玉石等材料上雕刻文字，也有人尝试在玻璃、塑料、白钢、发丝等材料上实施微雕工艺。

李书强是大连微雕界的后起之秀。与他年龄相仿的宋喜明更是其中的优秀者。宋喜明9岁跟爷爷学书法，天资聪慧，16岁时第一次接触到微雕艺术就迷上了，没有拜师学艺，全靠自学成才，仅仅为使用什么样的刻刀就

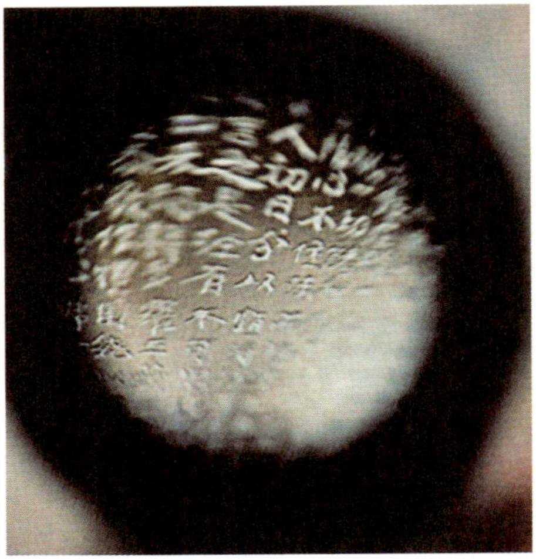

微雕·文字　作者：宋喜明

琢磨了3个多月。经过12年的勤学苦练，他已经能在1平方厘米的面积上刻出2000个字，并且不用底稿，上刀就刻，其微雕技艺令人刮目相看，啧啧赞叹。

例如微雕作品《金刚经》，全文5182个字，刻在总面积为12.955平方厘米的广绿石上，平均每个字0.25平方毫米。又如微雕作品《大学》，全文1748个字，刻在总面积为1.0925平方厘米的象牙上，平均每个字0.0625平方毫米。

宋喜明曾在1毫米长的发丝上刻上“祖国万岁”四个字，曾在针鼻大的石头上刻出一首毛主席的诗词，还能在多种其他材质上进行创作，很多作品在5000字以上。他用微雕形式展现书法，放大镜下，一笔一画历历在目，书法神韵扑面而来。创作时，刀一入石，粉末飞起，看不清笔画，他便凭借意念和手感，刀随心走，有如神助。

蛋雕

蛋雕艺术出现在大连地区是近些年来的事，但在国外，比如说在俄罗斯，蛋雕出现很早，有的蛋雕极尽奢华，甚至在蛋雕上镶嵌宝石。毕业于艺术设计专业的李大伟2006年开始尝试在蛋壳上雕刻，逐渐成为成手，已有200多件作品问世，是名副其实的蛋雕艺人。

蛋壳来源广，蛋雕入门易，但出精品难。李大伟的蛋雕技艺分浅浮雕和镂空雕，施艺的蛋壳大到鸵鸟蛋，小到鹌鹑蛋，最多的是鸡蛋和鹅蛋，每种蛋壳上都能至少雕刻出5个层次，毫发毕现，并能借助蛋壳的厚薄不同让作品有明暗光影。从人物肖像，到古装仕女、花卉鸟虫、雄鹰老虎、书法文字，凡是看到想到的，他都能用刻刀搬到蛋壳上来，而且雕出的作品形象比原物要美出很多。例如《仕女》，内层蛋壳上雕有三位古装人物，以梅、兰、竹、菊为背景，层次分明，立体感强；外层蛋壳是镂空的，雕有三扇窗户，匪夷所思，美妙无比。

李大伟自创了一套蛋雕技法，雕刻前先用注射器将鸡蛋内的蛋清蛋黄吸净，雕刻时把蛋握在掌心，让蛋壳受力均匀不易破碎，下刀保持一个合理的倾斜角度。更重要的是，他有一定的绘画水平，懂得素描和明暗关系，在实践中不断改进刀法以适应各种蛋壳的雕刻，能充分利用不同蛋壳的形状、色泽和厚薄雕刻出不同特色的蛋雕作品。

自从李大伟迷上蛋雕以后，到市场买鸡蛋就与过去不一样了，挑挑拣拣，曾遭到卖鸡蛋的责问："你是吃鸡蛋呀，还是吃鸡蛋壳呀？"现在李大伟已经能在任何一枚蛋壳上把蛋雕的魅力尽情地表现出来，蛋雕技艺日渐成熟，自成风格。

大连还有一些搞蛋雕创作的民间艺人，康敬荣、李恒绪、马超等人都有蛋雕技艺和不俗的蛋雕作品。

蛋雕·奥委会主席　作者：李大伟

沙 雕

沙雕是一种以自然沙和水为基本材料的雕塑艺术，制作者通过堆、挖、雕、掏等手段，将沙体雕塑成各种艺术造型，所以沙雕又被称为大地艺术。沙雕融合了雕塑、绘画、建筑、体育等多种元素，爱好者不需要通过专业训练即可参与创作，作品在一定时间内自然消解。沙雕更是一种高雅、时尚、健康而富有激情的大众化旅游休闲娱乐项目。沙雕历史虽然不长，发展却非常迅速，遍布全球。

大连海滩多，沙质好，自2004年起开始举办大规模的市民沙雕大赛。大家涌向海滩拥抱自然，舞铲弄沙，用各式各样的沙雕作品在蓝天下、大海边装扮出一道道亮丽的风景线。

沙雕的制作流程是，先堆一个沙丘，再在沙丘中央挖一个洞，灌水拍实，重复加水加沙不断拍打，达到需要的高度，然后在沙堆上刻画出作品外形，再把不需要的部分削掉。过程虽然简单，但不容易做好，其中的技巧，只有实践者才能掌握。

贾连武是大连比较有名气的沙雕艺人，泥塑功底使他对沙雕艺术触类旁通。他的沙雕作品主题突出，造型生动，夸张得体，轮廓清晰，线条丰富流畅，沙体结构严谨，制作过程中不使用任何支撑物和添加物。一堆堆松散的黄沙竟然能在他以铲代刀的雕琢下出现憨态可掬的猪头、慈祥富态的仙翁、天真可爱的孩童、活蹦乱跳的鲤鱼等形象，实在令人称奇。

沙雕·猪头 作者：贾连武

大连人对大海和沙滩有特殊的亲近感，每年到沙滩上参加沙雕活动的人很多，男女老少都有。每年在金石滩黄金海岸举办的沙雕大赛中，很多参赛作品与海洋有关，参赛者用沙雕彰显着大海和沙滩的个性。一件件沙雕作品丰富了大连的海滩文化，使海滨城市大连更浪漫，更有魅力。

雕刻工艺在大连还有许多

芦苇浮雕·踞高远瞩 作者：韩春玲

瓜雕·葫芦 作者：王升伟

核桃雕刻　作者：王春刚

果蔬雕刻·鸽趣　作者：孔令海

其他方面的表现，如王升伟、孔令海等人的南瓜雕刻，韩春玲的芦苇浮雕，都是刻刀下的杰作。高水平的厨师能以果蔬为雕刻材料，制作出创意新颖、赏心悦目、千姿百态的食雕作品。

中国人崇尚雕刻，擅长雕刻，流派纷呈。大连民间雕刻艺人用各种雕刻手法传递的艺术语言和由刻刀产生的特殊韵味，是一首首发自内心的凝固乐章。现在，雕刻虽然有了电脑机械作业，但无论电脑雕刻的技术怎样先进，也无法与手工雕刻相媲美。手工雕刻因为有了艺人主观情感的介入、瞬间灵感的显现和亲手触摸的创作而使作品有了生命的灵动，每一个作品都是孤品，与机械生产的东西有着本质上的不同。

金属工艺篇

熠熠生辉古韵出

从商代青铜器开始，中国的金属工艺就以悠久的历史和深厚的艺术内涵称雄于世界。青铜器以后，唐代的铜镜、明代的宣德炉、清代的景泰蓝都是中国古代著名的金属工艺品。现在的金属工艺品继承和发扬了传统手工特色，吸取了现代雕塑和其他艺术的营养，达到了新的艺术高度，以其浑厚古朴、熠熠生辉的艺术效果令人爱不释手。

大连金属制作大多是切割和焊接金属，成品用于建筑配件或装饰，注重实用价值，是广义上的金属工艺品。最能体现大连金属工艺魅力的，是孙德忠的铜艺。

铜　艺

大连铜艺是1992年以后才脱颖而出的民间手工技艺。国内专家学者认为，这是一项有创新意义的美术工艺，铜艺作品构思奇巧，立意高远，工艺精湛，堪称绝技。大连铜艺的创立者是毕业于鲁迅美术学院、有着30多年舞台美术设计和道具制作经验的孙德忠。

铜艺是铜板造型艺术。孙德忠为了塑造他所喜爱的、生长在大连山海中的动物、植物，最初是用纸胎涂漆的方法制作。纸塑油漆的作品虽然栩栩如生，惹人喜爱，但是即使经过30多道涂漆处理，仍然不能表现出他所追求的那种厚重深沉、色彩典雅、变幻莫测的唯美境界，也包含不了他所要传达的文化内涵。在试验了多种材质之后，他最终选定了深沉古朴、软硬适中、延展性强又耐磨抗腐蚀的紫铜为创作材料。

其铜艺作品制作过程首先是构思和画出平面图、立体图、剖面图，有的还先用纸板做出模型，然后根据图纸或模型进行钣金下料、剪裁、弯曲拉伸，最后焊接成形。制作过程中铜材用火高温处理后，色彩与肌理自然天成，光泽柔和，呈现出金属的冷凝、古朴、典雅和深沉的效果。作品虽然是经过剪裁、敲打、焊接而成，却纤毫毕现，浑然一体。一只海蟹或一只鸣蝉往往要剪裁几十个部件，焊接上百次，却丝毫看不出人工雕琢痕迹。从颜色上看，紫铜易氧化变色，它在遭受侵蚀之后显现出的凝重和沧桑是任何一种金属都难以达到的效果。因此，孙德忠的作品不但造型美，而且表面呈现出青红黄绿紫，在不同时间的阳光照射下色彩斑斓，富于变化，光怪陆离，美妙神奇。其色调高雅，搭配玄妙，却无须用颜料着色，似突兀的油画，又似立体的国画，手感坚挺而柔润，质感、美感和情趣、意境都出自天然。

这种创作手法和表现形式在国内属首创，但并没有脱离中国传统艺术的母体。只是由于作者不断受到现代艺术的熏染，又不断实践新的工艺手段，才把现代艺术构成中的平面、色彩、材质三个要素在作品中完美地统一起来，不是写实的模仿，而是写意的创造，因而具有了厚重的现代文化含量。

同其他任何工艺品一样，孙德忠的铜艺作品来源于生活，题材取自大

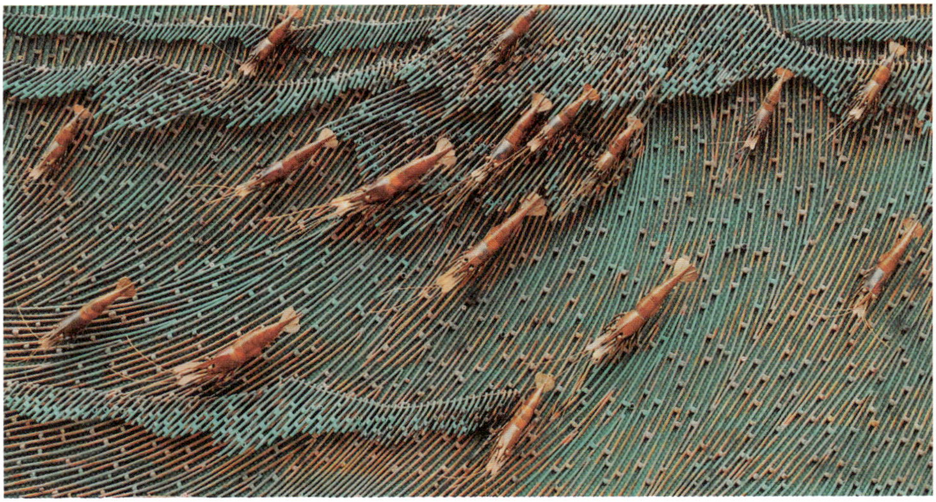

铜艺·潮汛　作者：孙德忠

连的山海。对大山大海的热爱和对艺术美的追求，使他不但“求艺”，而且“求道”，“艺”和“道”的完美结合是他的创作理念。

孙德忠的铜艺作品大致可分为两大系列：海洋生物系列和昆虫系列。他每天陶醉于海滩和山林之间，忘情于山海中的小精灵。为了塑造好蝉的形态神韵，他可以蹲在树下，从朝阳初升看到夕阳西下，从蝉出土到蝉脱壳；为了再现虾蟹的灵动，他能连续数日在海边追逐潮起潮落，与虾蟹对话。他的铜艺创作是心灵对大自然的一种倾听，也是通过为金属铜赋予生命的创作过程倾诉自己对大自然的赞美和敬畏。

铜艺·山葡萄　作者：孙德忠

例如铜艺作品《潮汛》。每年桃花盛开的季节，渤海湾大批的对虾要完成它们一生中的洄游产卵。孙德忠抓住这一情景，以写实手法将对虾做成与实际一般大小，用铜板的金属质感表现对虾的光滑通透，以写意手法将铜管排列弯曲表现海浪和迸发的浪花。画面中，海水汹涌，浪花转腾，群虾如千军万马长驱海浪，腾身百变。此作品不仅表现出大海的深邃神秘和潮汛的壮观起落，同时也表现了对虾以百折不挠的精神完成它一生洄游的壮观景象，是一曲生命的赞歌。

又如巨作《鱼米之乡》。作者受“杂交水稻之父”袁隆平成果的鼓舞，手工敲打出几千颗铜稻粒，组成一片籽粒饱满的稻田，成群的大闸蟹在水田中嬉戏，还有许多青蛙、蜻蜓、螳螂穿梭其中，构成了一幅生机勃勃的自然生态画面。

再如《处女礁》。作者将浩瀚无际、幽深莫测的水下世界浓缩成一根高1.5米、直径60厘米的水柱，水柱的顶部漂荡着水母，中部盘旋着龙虾、蟹（非寄居）和鱼类，底部布满贝类、寄居蟹。水柱中央运用虚拟手法依稀呈现出一个姿态优美的少女，少女身上点缀着海石花，举臂轻抚长发，仰望天空，是人形的礁石，也是人类的化身，表现出人类与地球环境之间应有的和谐关系。

铜艺·处女礁　作者：孙德忠

另外，《荷塘》、《山葡萄》、《残荷》都是孙德忠的得意之作，其物理造型美轮美奂，表面上的化学变化自然天成，发生在每时每刻，七彩斑斓，神秘莫测。

经过多年的钻研探索，孙德忠的技艺已炉火纯青，其工艺日臻完善，其作品也以独特的个性魅力受到国内外人士的瞩目。

锌合金工艺

以金属锌为主要原料制作的高档礼品浑厚富丽、华贵高雅，是近年出现在大连的一种新的金属工艺品。

锌合金工艺品制作过程十分复杂：设计图案，大多是各种可爱的小动物；根据图案造型，制成模具；将锌合金熔化浇注进模具；将出模后的毛坯用机械抛光，再电镀；最后，在适当位置镶嵌上人造钻石加以装饰。经过以上制作过程，一件憨态可掬、质感强烈、珠光宝气的锌合金工艺品就诞生了。设计造型、制成模具、冶炼熔铸、镶嵌珠宝都需要严格操作，不能出错，哪一个环节出错，都会有瑕疵，达不到预想效果。

大连艺人赵锶田从制作一般玩具开始，经过反复尝试，最终取得成功。她的作品有的逼真写实，有的夸张抽象，形态美观，古朴厚重，华丽耀眼，尽显金属工艺之美。

仿景泰蓝工艺

景泰蓝是一种珐琅、铜结合的独特工艺，大连艺人何燕文研究发明了纸胎掐丝填彩的仿景泰蓝工艺，其作品清新典雅，端庄华丽，几乎可以乱真。

何燕文以传统鼎炉为底样，按照设计要求进行计算，在平面硬纸板上画图、剪裁、拼接，组成立体的鼎炉，即鼎炉纸胎原胚；将设计好的图案印到主体炉身上，将金属丝（0.3毫米~0.5毫米）粘到炉身上；将彩沙用胶和好，按设计稿填满炉身，力求平整光滑，色彩鲜艳柔和；再用透明漆喷满炉身，将金属丝及彩沙罩于漆下，使其外观更美，又具有防潮防尘功能；最后将人工钻石按要求镶到炉体上。

何燕文的仿景泰蓝工艺融雕塑、绘画、喷漆、镶嵌等工艺于一体，还要考虑整体和谐之美，虽然不像景泰蓝工艺那么复杂精妙，但也要求制作者具备多方面的知识和综合运用多种工艺的能力。她的作品已经初具景泰蓝的质地和光泽，不仔细端详和抚摸，还真看不出是仿制的。

锌合金工艺·麒麟 作者：赵锶田

仿景泰蓝工艺·鼎炉 作者：何燕文

在同样造型、表现相同主题的各种民间工艺品中，金属工艺品因其特殊的质感和光泽最能体现作品的外在张力和内在深度。金属工艺十分复杂，材料也不像剪纸的纸张和布艺的布料那样随手可得，大连这方面的艺人屈指可数，但是这并不影响以创新为特色的大连金属工艺在国内的地位，在这方面，孙德忠的铜艺独占鳌头。

葫芦艺术篇

古朴庄重送吉祥

在中国民间，仅仅以自然形态出现，就能超越其自然属性，包含丰富多彩内涵的文化载体不少，而首选恐怕是葫芦。

有文献记载，2000多年前中国先人祭祀的礼器中就有葫芦。最早，葫芦是人们生殖崇拜的对象，表示阴阳和谐、多子多福之意。婚礼上将葫芦剖成一对瓢，以线相连饮酒合婚，称为“合卺”，象征夫妻二体合一。葫芦籽多而实，藤蔓连绵，象征多子多福、延绵不绝。行医也称“悬壶”，“壶中仙境”是神仙住的地方，其中“壶”都是指葫芦。将葫芦挂于厅堂，或在它上面配以其他图案，则有招财进宝、倒灾葫芦和葫芦镇五毒之说。以葫芦为题材的民间故事广为流传，“宝葫芦”的称谓家喻户晓，佛法无边的神仙和超凡脱俗的道士身边大都有葫芦。因此，将烙画、雕刻和绘画等工艺运用到葫芦上，使其产生古朴大方、庄重素雅之美，是大连民间长盛不衰的手工创作技艺。

大连地区不是葫芦的主产地，尤其是用来制作工艺品的葫芦基本上来自外地。正因如此，各地的大葫芦、亚腰葫芦、扁圆葫芦、长柄葫芦、棒子葫芦才进入大连，使大连的葫芦艺术在创作的第一个环节选材上就比较广泛，可以因人和因题材而异自由选择，其中又以大、小亚腰葫芦最为常用。

火绘葫芦

大连的葫芦艺术以火绘葫芦为多，俗称“烙画”、“烙花”或“烫花”。早先，大连各地手艺高超的木匠都会在木制家具的表面烫出各种花纹和图案。最初的火绘工具是火针和香，火针端部可为锥形、刀形和铲形。将铁针插入较粗的香棒里，用点燃的香火头加热，香消耗一段，便用木板在铁针另一端一抵，使铁针再插入一段，能使其产生很高的温度。此法后来被移植到火绘葫芦上，其工艺、工具和花纹图案与山东特别是胶东地区一脉相承。火绘葫芦与在家具上烙画异曲同工，只是因为葫芦的不同形态和质地而显得略有差异。

火绘葫芦是大连葫芦艺术的主要表现手法，现在艺人们都是用电烙铁或通电后加热的金属丝烙烫，用起来掌握火候和深浅更为方便，几乎所有制作葫芦艺术品的艺人都会用。

烙画对艺人的绘画水平要求很高，可以看作绘画艺术的一个分支，甚至比一般绘画更难，烙画以电烙铁代笔，不允许错了再改。火绘葫芦以火绘为主，但不排斥雕刻和彩绘，好的艺人经常在同一件作品上并用这几种工艺。

火绘葫芦给人的总体感受是画面有立体感，纹饰清晰，古香古色，烙印经久不朽。

胡曦冰是大连以制作火绘葫芦为主的民间艺人，他认为“烙”也是一种浅雕，因此从他的葫芦烙画中可以明显地看出雕的痕迹，葫芦画的线条深入浅出，浓淡相宜，富于变化。他能根据表现对象的不同自制烙花工具，选材并不挑剔，能对各种各样的葫芦因材施艺，达到不同的艺术境界，人物形象生动传神，山水清晰，既写意又工笔。

比如他的《十二生肖祝寿》葫芦，一个大亚腰葫芦上火绘出

火绘葫芦·十二生肖祝寿　作者：胡曦冰

一个大寿星和寿星腿旁一个手捧寿桃的童子，大葫芦周围簇拥着12个一般大小的小亚腰葫芦，上面分别火绘出十二生肖的形象，寿星的慈祥和童子的天真相映成趣，12个生肖活泼灵动，整套火绘作品看似浑然一体，实则主次分明，比例合理，个个精妙，表现的祝寿、长寿主题传统且鲜明。又如《菩萨和山水》，图案布局发挥了葫芦形体的长处，手法变化多样，人物和山水线条各异，人物面相丰润，衣袂飘摇，庄重大气，山水如同国画丹青，层次错落有致，可以看出在宣纸上用毛笔作画的效果。胡曦冰也常做雕刻葫芦和字艺葫芦，有不俗的作品。

王仲飞在20世纪70年代经常为亲朋好友在家具上烙画，山水瀑布，笔意粗犷。后来他自制了几十种笔尖粗细尖扁不一的笔，面对方寸葫芦弧面勾线涂面，精描细绘。他虽然不是专业艺人，但因为做过美工，搞过设计，所以入门很快，造诣不浅。

王仲飞的火绘葫芦传统味十足，中国山水和书法、古装人物、民间故事、祈福祝寿等屡屡出现在他的作品中。他特别追求古人那种怡静舒缓的生活意境，行旅、驿站、秋树、山岩是他表现的主要内容，如《盘车图》。又如《清明上河图》，场面浩大，内容厚重，整体浑然，局部精巧，图案在一个大亚腰葫芦上环绕三层火绘而成，除了各式房屋和7条木船，191个人物、11头牛、6匹马、3头骆驼、12头驴都历历在目，活灵活现。葫芦腰间的“清明上河”四个字使用了砑花工艺，拙朴而不失华丽，每个字都要挤压几十遍才能出现明显痕迹。

王仲飞还是大连地区会砑花葫芦工艺的极少数艺人之一，牡丹被他在葫芦上表现得枝叶凸凹，雍容华贵。砑花葫芦工艺大连艺人不常用，鲜有好作品出现，王仲飞、胡曦冰等艺人偶尔为之，其工艺是用硬功夫把葫芦表面压凹，而并不破坏葫芦的硬皮，图案若隐若现，复杂精细。

吴永奎是大连火绘葫芦艺人中的后起之秀。与一般火绘葫芦表现的山水人物画不同，他的作品呈现出油画风采。他把传统的烙画技法与西洋油画手法巧妙结合起来，用特制的烙具和新颖的烙法来达到在葫芦上表现古今中外人物肖像的创作意图。烙画时，他首先把人物的五官定位在葫芦的上半部，弧度越小越不易走形，然后用自制的笔头为马蹄形的笔，低温烙出轮廓，再将温度逐渐调高，颜色也随之 由浅至深，线条细腻平滑，看不出火烙焦痕。

火绘葫芦·清明上河图
作者：王仲飞

火绘葫芦·孔子　作者：吴永奎

吴永奎善于在葫芦上火绘大家熟悉的中外名人肖像，他艺高人胆大，不怕别人比较后看出破绽和败笔。实际上，他创作的《最后的晚餐》、《孔子》、《朱德元帅》等200多个火绘葫芦作品有不少是令人赞不绝口的精品力作。

雕刻葫芦

雕刻葫芦是用刀将葫芦表皮铲去，留下白茬组成图案，以雕刻为主，辅以烙画和颜色点缀，造型新颖，色彩夺目。有的艺人干脆将葫芦雕空，追求玲珑剔透的效果。

在大连为数不多的雕刻葫芦艺人中，旅顺的孙永涛是技艺最为突出者。他自幼爱好美术，童年是伴随着描摹和绘画度过的，后来对书法和篆刻产生兴趣，以古为师，心摹手追，潜心研习，感悟良多，修养颇深。2003年，出于对葫芦文化的喜爱，他开始在葫芦上烙画，又因为烙画难以充分发挥他书

雕刻葫芦·松下对弈图　作者：孙永涛

雕刻葫芦·古钱　作者：薛思勤

法、篆刻和绘画方面的特长及表现内心的创作构想，就转而在葫芦上手工雕刻。初时刻刀伤手，常血染葫芦，后则运刀自如，得心应手。在不断的摸索和总结中，他又掌握了许多在葫芦上实现特殊效果的雕刻技法，最终形成了自己的雕刻葫芦风格。其作品有秦砖汉瓦之古朴厚重之风，有的洋溢着金石味，画面布局和谐丰满，雕刻精工细作，色彩明亮饱和，充分展现出雕刻葫芦艺术的魅力。

孙永涛自制了30多种刻刀和刻针。雕刻前先对素葫芦反复观察、细细品味，在大疏大密的构图设计中突出主题。下刀时执刀如笔，先整体后局部，层层深入，力求每一根线条都流畅灵动。雕刻完成后，用刀在空白处通过铲、冲、切、挑等刀法进行恰到好处的处理。上色前先在葫芦上抹一层淡淡的油脂，以防止颜色侵入表皮影响美观，然后以绘画形式用国画或丙烯颜料进行描绘渲染，数遍多层，满意为止。

孙永涛选葫芦很严，往往在上千个葫芦中才能相中一个，因此每年至少有两个月的时间在外地搜集、收购葫芦。淘到中意的葫芦，无论路途多远都随身携带，常常是葫芦“坐车”，他站在旁边保护，品相好的葫芦加上精湛的雕刻技巧使他的雕刻葫芦个个是精品。

如《松下对弈图》，作者通过松下对弈的场面，很好地表现了古代文人雅士寄情山水、超脱散淡、放逸自然的人生态度和生活情趣。作品工笔重彩，画面深邃，雕刻与色彩衔接严密，在有限的空间里营造出广阔幽远的意境。

薛思勤老先生也有雕刻葫芦的手艺，他擅长把中国古钱币和甲骨文配以传统的祥瑞图案，以阳文雕刻的形式在葫芦上表现出来。他的作品大巧若拙，少了些刻板，多了些灵性。他自己种葫芦，又在自己培育的葫芦上精雕细琢，娱人娱己，自得其乐。

彩绘葫芦

彩绘葫芦是大连葫芦艺术中的一种，就是用画笔、颜料在葫芦上作画。葫芦的独特造型和质地与画布和纸张有很大差别，因此能形成特别的画境，色彩亮丽，有立体感，辅以烙画和雕刻则又显现出层次感。

鲁迅美术学院装潢专业毕业的女艺人张浩擅长彩绘葫芦，尤其是彩绘葫芦瓢。把葫芦一切两半为瓢，在瓢上彩绘是她的标新立异之作，作品扣挂在墙壁上有很强的装饰美，古朴而吉祥。在葫芦上作画上色不易，色彩取之于水粉、水彩或油漆，新近也用丙烯颜料。

张浩画葫芦，人物、花鸟、山水皆可入画，不是临摹而是创作，尤其是别出心裁地在舀水用的水瓢上通过色彩和图案讲述民间故事，表现山川秀美，亦俗亦雅，创意之新颖大胆出人意料。

她尤其擅长人物画，《人生百态》用100个自己熟悉的人物面孔表现市井小民内心的喜怒哀乐。《古代笑话》、《二十四

彩绘葫芦·二十四孝　作者：张浩

雕刻葫芦·葫芦　作者：白元广

孝》等作品把一个个故事情节用连环画的形式集中表现在一个大葫芦或大葫芦瓢上，十分有趣。《岳飞》、《花木兰》等人物画也都随着葫芦的不同形态而风韵独具。

张浩酷爱葫芦，作为一个爱美懂美的女士，她每次回到以服装城闻名的家乡海城，都跑到乡下挑选和收购葫芦。别人回大连带的是大包小包的服装，她却背回一麻袋一麻袋的葫芦，家中的大衣柜里不是挂衣服而是挂葫芦。正是因为有了这样的痴迷，她的彩绘葫芦才如此美妙诱人。

葫芦艺术在大连流传较广，城乡都有这方面的艺人。一般艺人都会火绘、彩绘、雕刻工艺，但是除了胡曦冰和孙永涛，至今还没有发现别的人靠制作工艺葫芦养家糊口，他们大都是葫芦艺术的爱好者。初巍、白元广、吴永奎、李宗华、张小芳、姜建国、赵友等人都陆续有优秀作品问世，许多作品在大连民俗节日中被市民购买，有的作品得到省内外工艺大师们很高的评价。

葫芦形态殊异，妙相自然，内涵丰富，浑圆而有光泽的外形给人以祥和欢愉的美感，从古至今都是中国民间最为看重的吉祥物。经过艺术加工的葫芦既能给人美感，陶冶情操，又有收藏价值，更是馈赠亲朋好友、送去吉祥祝福的上佳礼品。因此，葫芦艺术品尽管在大连市场尚未形成气候，也会因为百姓的喜爱而在民间长期留存下去。

面塑·泥塑篇

揉揉捏捏见神奇

面塑和泥塑都是中国传统的雕塑工艺。面塑是以面粉调色为泥，捏制而成。泥塑是在黏土里掺入少许棉花纤维，捣匀后，捏制成各种人物和动物泥坯，阴干，涂上底粉，再施以彩绘，也有保持素面的。面塑和泥塑体现了中国传统美学旨趣和技艺特色，其中包含了绘画、雕塑、刻印、装饰等诸多技法。

面塑和泥塑与人们的生活和感情息息相关。用面来捏花、捏动物是许多女子的天赋才艺，以泥做玩具则是许多男人的天性和童年乐趣。面塑和泥塑作品让人看着亲切，品着有趣。

面 塑

很久以前，普兰店地区有一位张姓家的老夫人张李氏，她的面花捏制手艺远近闻名，堪称绝活儿，手艺代代相传，至今已传到了第五代。“面花”是百姓的叫法，与面塑灯和为观赏收藏而手捏的其他面制艺术品一样，都是面塑。

我国饮食文化源远流长，汉代就有关于面塑的记载。大连地区面花和面塑灯的捏制大约起始于18世纪，至今已有300多年的历史。当时，有大批山东人移民到东北，带来了包括面花和面塑灯在内的许多山东民间技艺和与此

传统面花·欢庆　作者：李淑花

相关的民间风俗，经过长时间的流传，大连面塑已经糅合了山东和东北的特色，有了自己的风格。

面花实际上是可以食用的馍、馒头，主要用于红白喜事、寿辰、馈赠亲友、民俗节日、祈祷祭奠等方面。20世纪70年代以前，捏制面花在大连农村十分普遍，尤以普兰店地区最具代表性，家中没有会捏面花的女子，就像过年窗上没有贴窗花一样让人不解和嘲笑。

一个完整的传统面花作品是把各种各样的面花按照实际用途不同，用竹签插在面花主体上。有的面花有特定的用途，如菊花形状的面花只能用于白事上，寿桃形状的面花用于寿辰上。最早，人们捏面花主要是对天、地、神的祭祀和祈祷，是追求丰衣足食、万事如意的生活理想的体现。此项技艺要求和面均匀，软硬适度，调色恰当，艺术造型准确，手法细腻，形意结合，做出的面花保持经久不霉、不裂、不变形、不褪色。其基本手法有揉、搓、滚、捏、压、挑、切、填、补。

面花的制作一般要经过和面、蒸面、调色、组合等工序。

面花的原料是面粉、糯米粉、食用盐、蜂蜜等。首先将原料按一定比例放在盆中和匀，徐徐倒入开水，反复揉搓，达到手光、盆光、面光。然后将醒过6至10小时的生面向一个方向揉匀，分成小块或窝头状，放入锅中用强火蒸。停火5分钟后开锅，用毛巾蒙上，凉至不烫手，再揉至细腻柔软。然后装入布袋或塑料袋中，放置7至10天即可。使用时，再将蒸存的面打开反复揉搓，达到细腻柔软不沾手，韧性适中为止。然后将黄瓜、芹菜、胡萝卜等各种颜色的蔬菜捣碎，将其菜汁加入面中，进行调色。再用拔子（塑刀）、滚子、小竹棍、小剪刀、小木梳、小镊子等工具精细雕琢，制作出形态各异的动植物和人物造型等。最后，根据造型不同，用竹签将面花插在面花主体上。以老虎为例，先插上“王”字，然后再插鼻子、嘴、耳朵，接着再用各色的面花装扮脸庞和毛发及四肢。面花在这里起到铺陈作用，整个面花主体都插上面花，以不留空白为宜。

大连的另一个民间面塑品种叫面塑灯，制作和流传地区主要是庄河，大连的其他农村也多见。

面塑灯这门手艺是明末清初由闯关东的山东人带来的，每年元宵节来临，家家户户都在做面塑灯。人们以面塑灯为载体，在元宵节这天晚上进行

面塑灯　作者：庄河陈家

民俗活动，表达民间百姓祈福纳祥、驱灾辟邪的美好愿望和思亲念祖的情怀，是伴随着生活需要和节令习俗活动而形成的一种独具地方特色的历史文化现象。

面塑灯是以大豆为原料，制作成花鸟鱼虫等各种造型的灯制品，以便在民俗活动中，在特定时间和地点，用特定的方式放置和点亮。面塑灯主要有属相灯，十二月灯以及用于祭祀、葬礼的面塑灯，还有由此而发展出的观赏性的鱼灯、莲花灯等其他形态的面塑灯。

据《庄河县志》记载，很早以前，庄河农村妇女中大多数人都会制作属相灯。属相是每个家庭成员出生年的标记物，中国传统文化把相应的12种动物作为人的生辰符号，包含了许多人生吉祥祸福的讲究。正月十五元宵节晚上点亮用面捏制成的代表全家各成员生肖动物的属相灯，意味深长。

十二月灯是将全年十二个月分别做一个面塑灯。第一月灯在灯碗边缘捏一个小角，第二月灯在灯碗边缘捏两个小角，照此类推，第十二月灯在灯碗边缘捏十二个小角。除此之外，还要分别制作两条小龙，将其对称地固定在第十二月灯灯碗的两边，龙头对龙头，中间是灯碗。各月份的灯放置的时间相同，地点不同，如第十二月灯就放在粮仓处。正月十五元宵节晚上点亮十二月灯是百姓祈盼国泰民安、风调雨顺，向往生活日日美满的民俗活动。

送灯是大连人过元宵节和清明节以及七月十五“鬼节”的民俗活动。这三个节日的晚上，人们把捏制好的面塑灯送到自家祖坟地或公墓灵位处点亮，祭奠故去的亲人，给阴间人送去光亮。若是双老下世，坟地摆放的是双灯芯的面塑龙凤灯；若是一老下世，则摆放龙或凤的单灯芯面塑灯。有的地方，例如庄河，还保留着元宵节晚上往村头山神庙和村屯十字路口送灯的习俗，还有的在葬礼仪式上点燃面塑灯，放在棺木前。

面塑灯的制作工艺相对简单，以属相灯为例，首先将磨细的大豆面加水搅拌并用手揉搓成软硬适宜的面团，再将要做的属相造型通过手指的捏制塑造出来。要刻画生肖的细微部分，则要借助刀、剪、梳和旧时妇女用的发卡、头簪等工具来完成。动物眼睛一般采用高粱粒或黑色火柴头等，站立动物腿部的支撑物一般采用火柴棍或其他较硬的小木棍。在制作过程中还要用手蘸少许豆油，以求表面光亮、滑润而无裂纹。做完后剪一个小纸板做托盘，将面塑属相灯固定在上面即算完成。其他生活习俗灯的制作方法大体相同。

面塑灯　作者：庄河陈家

借助面花和面塑灯来表达群众情感愿望，寻求返璞归真愉悦的民俗活动，极具民间情趣，在大连民间有广泛的文化认同性。面花和面塑灯都是纯手工制作，有一套老辈人留下的传统工艺，要求制作者掌握一定的手捏技巧。民俗活动的延续在客观上对传统面塑艺术的发展起到了推动作用，从大连面塑艺术的演变过程看，这应该是创作供观赏和收藏的面塑艺术品的源头。

庄河兰店乡磨石房村老陈家是做面塑灯的世家，做面塑灯有百年以上的历史，后辈人的手艺都是从小看会的。陈广金是家族中做面塑灯的传人，他的老伴儿和两个儿子也都精通面塑灯尤其是属相灯的制作手艺。现在，他们全家每年从10月份开始做面塑灯，到正月十五停工，一年要做七八万只属相灯。商贩们上门进货，再卖给千家万户。陈家的属相灯都是用彩色面团做成的，做好后就粘在一张纸板上（这个过程称为粘板），纸板边上留出点蜡烛的位置，这就做成了被当地人称为“塑儿”的面塑灯。他们平时也做一些表现其他题材的面塑灯，如兔抱白菜、鼠踩元宝等一些含有吉祥寓意的面塑灯。

陈广金和老伴儿、儿子们做面塑灯必须经过和面、制作、晾干、刷油、

粘板五个步骤，每个步骤都用传统的手艺技法，一丝不苟，熟练精湛，每个面塑灯都是有形有色有神韵的艺术品。当庄河城乡百姓家中点亮纸板上的蜡烛时，正月十五元宵节的民俗活动就进入了高潮，这其中陈家属相灯扮演了一个不可或缺的重要角色。

现在，大连城乡做面花和面塑灯的人家已经不像早先那么多了。据了解，在制作面塑灯最集中的庄河也只有200多个家庭会做面塑灯。即便这样，相对于其他的民间艺术而言，也是一个不小的数目。只要大连民间与面花和面塑灯有关的民俗还在，面塑艺术就不会消失。

普兰店的路奎波是张李氏的传人，由于姥姥张李氏是闻名乡里的面花高手，她从小就跟着做面花，深得真传。参加工作后在服装厂设计刺绣图案，又使她具备了一定的民间美术修养。1986年以后她专攻面塑，因为有家传渊源，一出手就技艺不俗。后来又向北京和天津的面塑大师学习，将祖辈的传统面花手艺与大师们的面塑工艺相结合，形成了一套完整的面塑制作工艺。其作品的表现题材和艺术性也超越了前辈人，成为真正意义上纯观赏性的面塑艺术品。用来观赏和收藏的面塑艺术品制作工艺相对复杂和规范，在业内有“一印，二捏，三镶，四滚”的说法，人物造型有“文的胸，武的肚，老人的背脊，美女的腰”的艺术特征。能制作这样的面塑艺术品的艺人需要有较高的文化修养和艺术造诣。

路奎波的面塑作品既保留了普兰店面花的淳朴厚实，又吸收了大师面塑的精细玲珑。她的性格中有女性天生的缜密，也有东北女人的豪放，她在长

面塑·八仙过海　作者：路奎波

期的创作中形成了既粗犷又细腻的风格。主要作品有《八仙过海》、《西游记》、《安波公主》、《古莲仙子》、《虎滩传说》、《蝶舞憨豆》、《仕女系列》和《现代卡通系列》等。她在每一个人物和每一朵花上都倾注了自己对生活的热爱，把仙人塑造得衣袂飘摇，表情惟妙惟肖，让花瓣层层舒展，薄如蝉翼，有许多作品走出国门。她还发明了现代壁挂式的包装方法，把小面塑组合成大壁挂，作为家居装饰物或礼品都很适宜。

汤宝锋属于自学成才的大连面塑艺人。他自学面塑艺术多年，求师拜友，得到面塑大师的指点，潜心钻研，进步很快。为了提高美学修养和探究面塑艺术真谛，他曾经考入辽宁师范大学美术系学习深造。他把中国画中的写意手法融会

面塑·朱仝　作者：汤宝锋

到自己的面塑创作中，写实与写意相辅相成，立意和构思求新求变，形成了厚重豪放的面塑风格。

汤宝锋以人物为创作主体，通过塑造人物形象及其典型动作，表达内心对英雄的崇拜之情。《梁山好汉108将》是其代表作，塑造的面塑人物不仅个个栩栩如生，而且个个形神兼备，极具个性。无论是梁山好汉还是其他历史人物，都体态匀称，面部细节逼真生动，衣着服饰线条粗犷流畅，色彩传统，手法新颖，举止气质恰到好处地表现出人物的外形特征与内在神韵。

家境贫寒、没有家传渊源的刘吉程与面塑结缘是因为五六岁时看了一次“面人汤”的纪录片，面团变幻出的奇妙世界让他一直难以释怀，因此在尝试了多种谋生手段以后，最终以面塑作为自己一生的追求，开始了专职捏面生涯。在技法上，刘吉程将很多绘画方面的技术融入其中，与其他面塑艺人不同的是，他不采用整体塑出然后再上色的方式，而是先用特制的各色面团

面塑·金陵十二钗·史湘云　作者：刘吉程

做出要件，然后再一部分一部分地组合，真正突出了“塑”的特性。因此他的作品给观众留下的印象是，人物身上的衣服、饰品都是一件一件穿戴上去的，非常精致、形象。另外，他用色十分大胆，经常以大红、大绿、橙等非常饱和的色彩给人以强烈的视觉冲击。在题材选择上，他偏好传统戏曲中的人物形象和仕女题材，每个仕女都体态完美，表情丰富，似一个个活生生的人，仿佛可以与之交流。他用细腻的手法表现出了仕女们含蓄的东方之美，既有传统美人的古韵，又有现代美人的新趣，恬静淡远，耐人寻味。刘吉程创作面塑人物注重对人物内心世界的了解，读懂了《红楼梦》才敢下手创作《金陵十二钗》，12个性格迥异的红楼女子，各具风采，不同凡响。

钟建波是大连市非物质文化遗产民间传统面塑技艺的代表性传承人。其面塑作品从名著和日常生活中寻找题材，主题突出，色彩浓郁，造型生动。他在不断学习和钻研老一辈艺术家的手法和技艺的同时，研发出可长期保存的面塑材料。他结合现代多种艺术理念，积极创新，独立创作出系列特色面塑作品，题材主要包括传统戏曲、民间传说等。他多次参加国家级、省级、市级展览，代表作品《三英战吕布》、《忠义关公》、《门神》、《贵妃醉酒》等得到了业内外一致好评。

其中《三英战吕布》长75厘米、宽40厘米、高47厘米，取材于我国古典

面塑·三英战吕布　作者：钟建波

名著《三国演义》中一个精彩的故事情节，以刘备、关羽、张飞兄弟三人与猛将吕布的殊死战斗为对象，描绘了一场酣畅淋漓的沙场血拼。该作品根据小说描写的战斗情节，结合西方美术中的人体结构，利用骨架的搭建和自主研究的面塑配方使造型更加生动，适合长期收藏与保存。另一幅作品《四大天王·风调雨顺》长68厘米、宽22厘米、高42厘米，在运用传统面塑技艺的同时，增添新的技法技巧，使人物形象更加生动突出。该作品根据《封神演义》的描写，栩栩如生地展现了四大天王的形象，寓意风调雨顺、国泰民安。

泥 塑

泥塑艺术在中国古老又常见，新石器时代出土的陶猪、陶羊、泥猪、泥羊头，都是人类早期手工捏制的艺术品。普兰店姜屯汉墓中曾出土了泥捏的三层陶楼。泥塑艺术品既可观赏陈列，又可让儿童玩耍，泥玩意儿那种拙头拙脑、土里土气的可爱，常常让人忍俊不禁。泥塑艺人遍布民间，天津泥人、无锡彩塑、高密泥塑和凤翔泥塑最为著名。在大连，玩泥塑的人大多是搞陶艺的，而且在国内颇有名气，真正玩泥塑的人不多。

大连泥塑艺人受天津“泥人张”的影响较大，彩塑具有现实主义艺术特色，能比较真实地刻画出人物的体态和性格，夸张合理，取舍得当，用色敷彩典雅秀丽，作品适于室内陈设，尺寸不大。所用材料是含沙量低、无杂质的纯净胶泥经风化、打浆、过滤、脱水并加棉絮反复砸搓而成的熟泥。艺人们很重视砸泥的火候，因为这决定着成品的结实程度和可塑性。选定主题后可以开始创作，手法有拍、捏、压、挑等。泥塑成形后，还要经过由粗糙到精细的细化过程。泥人做好后放在阴凉处风干，全部干透后，再用砂纸打磨。有时为了使泥人更加结实牢固，还要过火烧一下。彩塑的泥人，要经过色彩和图案的设计调配，细致地铺在泥坯上，一般在

泥塑·罗汉　作者：吉哲强

着色之前先上一层底色，保持表面光洁，最后将小配件固定在适当的位置。

祖籍北京、早已安家于大连的吉哲强曾经学艺于天津“泥人张”彩塑工作室，是“泥人张”的第四代传承人张铭先生的亲传弟子，对“泥人张”的泥塑真髓深有体会，扎根大连后收教了不少学生。他的国画、油画和书法造诣都比较深厚，对生活多有感悟。其泥塑是多种艺术形式的融会贯通，追求整体协调、逼真传神和内在心性与外在自然浑然不分的艺术境界，最擅长塑造仕女、罗汉和各类民俗人物。这些人物，形象鲜明，耐人回味。罗汉慈眉善目，拙朴生动，一派天然。仕女腰身婀娜，眉目传情，衣袂飘摇。一组老红军教小红军吹军号的泥塑，小红军有着鼓鼓的额头、高高的颧骨，稚气可爱，老红军满面沧桑，慈爱亲切，浑身洋溢着父爱。用色上，吉哲强喜欢在泥塑表面涂上一层淡淡的水粉，让作品呈现出薄薄的水性，素雅灵动，十分养眼。

从进入“泥人张”彩塑工作室到今天，吉哲强一直保持着民间采风和细致观察的好习惯，所以他的泥塑作品生活气息很浓，也很有艺术特点。泥塑圈里的人，包括天津的泥塑艺人，一看作品，就知道是他做的。

季玉梅也是大连民间颇有名气的泥塑艺人。她从小喜欢画画，1990年开始研究和制作泥塑人物，起点很高，出手不凡。她的作品随性、随意，充满了艺术想象力，创作的题材全都来源于寻常百姓，手法质朴，造型夸张，人

泥塑·老夫妻系列　作者：季玉梅

物情态亲切活泼，具有鲜明的个性特征。

季玉梅对泥塑艺术的理解朴素而深刻，观察细致入微，心思缜密，以女性的敏感赋予作品灵性，在展现技艺的同时也在表露自己的内心世界。如泥塑作品《老夫妻系列》，东北农村的田间、炕头，几个人物或坐或站，老太太耷拉着眼皮，抿着没牙的嘴，老头儿穿着大棉裤，叼着大烟袋杆。泥土的古朴厚拙和所塑造的相濡以沫的老夫老妻形象忠厚老实，生动传神，乡土气息和生活情趣极具感染力，让观赏者与之产生共鸣，心动不已。

贾连武走进泥塑这一行纯属偶然。退休前他经常到田间检查工作，一下地鞋底就会粘上一些泥巴，他坐在田埂上没事的时候，就把泥巴从鞋底上抠下来，他发现这些泥巴几经辗转后特别有韧性，于是就捏着泥巴在手里摆弄，时间一长，他捏出来的泥人逐渐有了模样。从那时起，贾连武就爱上了捏泥人。此后，他几乎每天都在衣袋里装一块泥巴，没事的时候就摆弄着。不管是坐火车出门旅游，还是坐公交车出门办事，他都会捏着泥巴玩，有好几次因为精神太集中而忘了下车。到沈阳亲戚家串门，听说有个地方有好泥，他马上打车去拣，误了回大连的火车。熟能生巧，现在，一块大泥巴眨眼工夫就能在他手里变成一个武士或仕女头像，《昭君出塞》、《贵妃出浴》、《西施浣纱》、《貂蝉拜月》等古典人物系列和现实生活情景系列的100多个泥塑，大的五六米，小的几厘米，俱造型洗练，神形生动，一气呵成。贾连武虽是自学成才，却有大家风范。

泥塑·老伴儿　作者：贾连武

王世忠、徐颖夫妻和弟弟王世东继承了祖传的泥塑手艺，在营城子民俗文化村开设了一家手工泥塑作坊。王世忠很内秀，在继承先人泥艺的基础上，借鉴北京脸谱的精美华贵、无锡泥人的艳丽流畅和山东泥塑的纯直质朴，形成了自己的艺术风格。他们也做兔儿爷、阿福、抱鱼娃、挂虎等传统泥

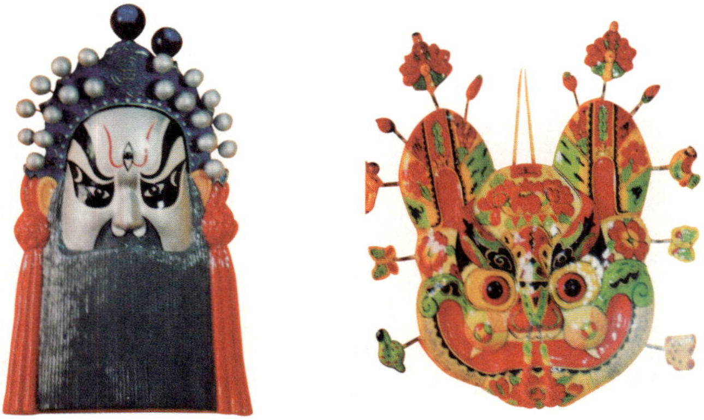

泥塑·京剧脸谱　作者：王世忠

泥塑·昆虫　作者：陈晓光

塑，但最有代表性的是泥塑国粹京剧脸谱。因为王世忠认为，脸谱是戏剧角色符号，京剧脸谱最容易表达人物和作者本人的思想感情，最能体现中国传统文化的神韵。

他们取本地带有黏性的泥土，用水淘洗，取上层细腻泥浆静置沉淀，放入配料捶打，使泥热化；然后用专用的瓷泥做成需要的形状，浇上石膏制成模具，往模具里浇上热化后的泥料，制成泥料模型；最后在脸谱模型上彩绘。王世忠的泥塑脸谱饱满肥润，头饰华美，表情丰富，上百种脸谱形态各异，流光溢彩。“为什么没有大连人自己的泥人泥物呢？”要强的王世东不服气，要做出带有大连“海蛎子味”的泥塑。

瓦房店许屯镇陈晓光的爷爷出身于书香门第，却深谙泥艺，因为担心孙子有朝一日吃不上饭，才传授给他泥塑技艺。陈晓光虽然从小丰衣足食，却也爱上了泥艺，年纪轻轻就自创了一套用本地黄泥固胎造型的泥塑工艺，把家乡的一草一木、一虫一鸟都用故土的泥巴凝固成色彩鲜艳、惟妙惟肖的艺术品，赋予新的生命，塑造出返璞归真的意境。蓄势待发的螳螂、翩翩欲飞的蝴蝶、蠕动躯壳的蜗牛、振翅鸣响的蝈蝈、笨拙寻食的瓢虫、站在青皮萝卜上的蝗虫，家乡所能见到的生灵，都被他用灵巧的手捏制得如闻其声，如

泥塑·相声大师 作者：蔡建波

见其动。

泥塑界有“三分塑，七分彩”之说，而南关岭街道的蔡建波却重塑不重彩，专在手捏上见功夫，突出泥的本质特征。他的泥塑不施彩绘，通常是一个底色，天然自成、脱尽铅华，追求朴素淡雅之美。无论是动物还是人物，都是神似大于形似，处处显示动感，例如三位相声大师的泥塑形象就令人叫绝。

这些有着不同阅历、对生活有着不同感受的平民百姓由泥塑爱好者成为有一定造诣的泥塑艺人以后，其作品表现的主题和选择的题材各有不同，他们对工艺的运用各有所长，从而使大连泥塑艺术呈现出多种风格。但是要与天津泥人、无锡彩塑、高密泥塑和凤翔泥塑相比，大连泥塑就相形见绌了，有的艺人立志要塑造出有大连特色的泥塑，值得期待。

生活中哪一个女人没揉过面，哪一个男人没玩过泥？或许他们都产生过创作冲动。面塑和泥塑的美，我们不但能用眼看到，而且能用心感悟到，风姿绰约的面人和土头土脑的泥人千百年来一直演绎着中国传统文化中最朴实最纯真的一面，大连民间艺术因为有了面塑和泥塑而增添了不少乡土趣味。

彩扎篇

七彩斑斓动人心

彩扎是大连人比较熟悉的一种民间艺术。宗教祭祀和祈福拜神的纸扎品，渔民放海灯等民俗活动中的彩船，逢年过节娱乐的龙、狮、灯笼、旱船、花篮，体育休闲运动时放飞的风筝，无不出自民间彩扎艺人之手。

这些手工制作的彩扎艺术品与大连的民风民俗有着千丝万缕的联系，散发着浓烈的乡土气息，在不同场合下出现，表达着百姓的各种美好愿望。它们无论是造型还是图案、色彩，都别具大连地域文化的魅力，吻合大连人的审美情趣，静置时如花似锦玲珑剔透，一旦舞动起来，则有了生命，有了感情，十分招摇，炫人心目。

业内人士说，彩扎制品一般篾扎纸裱（或绸裱、布裱）而成。

据考证，元明清以来，金州彩扎经久不衰，并以金州地区为中心，南影响至旅顺，北影响到普兰店。彩扎技艺因百姓民俗活动的兴起而产生，也因能强烈表达民众内心情感而流传。

随着时代的进步，大连彩扎的传统技艺有了很大的改进和创新，由过去单纯的竹扎骨架发展到竹篾与现代碳素材料并用，由仅用纸裱糊，变成用纸、丝绸、塑料、腈纶布等，有的还根据需要用土、蜡、麻等其他材料。

大连彩扎有四大基本工序，扎、补、写、装饰，缺一不可。扎是扎骨架；补是用纸或布、绸丰满和完成造型；写是用颜料写画图案；装饰是添加小件，丰富表现形式，锦上添花。

传统的彩扎制品，无论是为什么目的和以什么面目出现，都是道具，都有表演性质。但是由于彩扎艺人创作个性和虽然大同却有小异的制作过程，每一件彩扎制品都带有各自的艺术特征和文化内涵，这就不单单是道具，而是地地道道的艺术观赏品了。

艺人们把自己对生活的领悟和乐观豁达的天性通过双手绑扎在一个个作品中，任凭百姓在它们身上寄托着各种各样的情感，形成特殊的感情表达方式，所以彩扎在大连历史悠久，深受大众喜爱。

金州彩扎

每年正月十五这天，金州都要举办声势浩大的民间娱乐活动，各乡镇村屯的民乐队、民舞队齐聚金州城内，热闹非凡，万人空巷。这些丰富多彩的民俗活动离不开相应的道具，这些道具全都是当地民间艺人手扎而成，形态各异，光彩醒目，有的是传统样式，有的新颖别致，鼓乐一响，随着表演者翩翩起舞上下翻飞，成为民俗活动上的最大亮点。

《金县志》记载：“清朝，匠人云集，诸如铁匠、石匠、纸匠……”纸匠就是纸扎（彩扎）艺人。

金州彩扎艺人既会扎，还会剪、会描、会画，样样精通。早年，当地的红事白事都离不开这样的巧人儿。金州彩扎是一种独立的民间美术造型艺术。最初，彩扎品都是竹扎纸糊的，民间表示孝道多借用此类物品，牛、马、金山、人物、家具等一应俱全。后来为了增添节日娱乐气氛，扎龙、彩灯、花篮和旱船、鱼、鳖、虾、蟹等，不仅用纸，而且用布、绸和其他化纤材料，结实耐用，任人舞动，在每年正月到各村屯轮流表演，供大家观赏，最为百姓所喜闻乐见。

金州彩扎艺人在扎龙骨　金州区文化馆资料

金州彩扎制品的大小根据需要而定，有人曾在解放前看到两层楼高的纸扎人。无论何物，工艺制作的突出特点都是将扎制、贴糊、雕刻、彩绘融为一体，色

彩扎·龙头　作者：王福家

彩艳丽，有的形象惟妙惟肖，有的造型夸张奇特，都能撩人心动。

扎制是金州彩扎的第一道工序。一把稻草、几根竹篾或秸秆，在艺人手中便可以构成骨架的基本形态，关节处用铁丝或麻绳绑扎，伸展自如。然后用剪刀剪裁出各种道具和服饰的图案纹饰，剪刀如同画笔，大处挥洒，小处细雕，剪其形而美其神，其间还运用彩绘的手法进行勾、画、点、染。彩扎的人物脸谱和龙头、狮头等动物的头脸是用泥土或木头等硬质材料塑造而成的，在与布、纸等软质材料的结合对比中显得有趣而别致。

金州彩扎的制作材料比较常见，扎制用的竹子、秸秆、稻草、麻绳、铁丝，制作脸谱和道具用的木头、泥土、麻纤维，用以粘贴服装、道具表皮的糨糊、彩纸、布料及绘画的颜料都是身边易得之物。很难想象，这些随手可得、价钱低廉的朴素材料能在一双双长满老茧的大手中变化成一件件精美到令人惊叹的艺术品。

过去，金州彩扎艺人很多，乡镇村屯几乎都能见到他们的身影，现在不那么多了，但是这门手艺还是有人传承了下来。像杏树屯的宋成宝、刘振隆、邹本廷都是彩扎世家的代表性传承人，“门里出身，自会三分”，彩扎手艺远近闻名。金州还有一些彩扎艺人，主要是因民俗活动需要而扎龙、扎狮和其他一些娱乐道具，如邹洪恩、李成家和后起之秀王福家等人。他们心灵手巧，将金州传统的纸扎工艺与新兴的美术造型工艺相结合，形成了独具魅力的彩扎风格，让历史悠久的金州彩扎重放异彩。

放海灯民俗中的彩扎

放海灯是大连海岛和沿海渔民拜祭海神娘娘、祈求出海打鱼平安而流传下来的民间习俗。传说正月十三这天是海神娘娘的生日，人们年年祭拜，施放海灯，在大连已有200多年的历史。

海灯在这项民俗活动中唱主角，一般的海灯渔家都会做，但是上讲究的海灯都是由有彩扎手艺的渔民制作的。大连旅顺放海灯习俗、庄河放海灯习俗、长海放海灯习俗已被列入省级、市级非物质文化遗产项目，他们的传承人都是世代沿袭的做海灯能手，如王兆清、于洪远、周国民、刘腾民、刘洪绪、姜忠恕等人。

传统海灯有用木板扎成的，以船形体为主，由船体、船楼、船舵、桅杆装配而成，放上蜡烛。也有用秫秸扎成的，选好秫秸，扎好船体骨架，然后用五彩纸糊裱船体，描画和剪刻图案加以装饰。海灯的形体有船形、鱼形、

彩扎·传统海灯　庄河市文化馆资料

龙凤形、莲花形，造型简练、粗犷，色彩鲜艳、火爆，以红、黄、蓝色为主。有的还用五彩纸剪刻图案纹样进行装饰，在船两侧与船楼上粘贴剪刻的牡丹花寓意富贵，粘贴龙凤寓意吉祥，粘贴十二生肖祈福求平安。在鱼形灯上画花朵、云彩、水纹，用简单、直白的表现手法喻示天长地久；描画花鸟鱼虫，以表示大自然万物兴旺，风调雨顺。海灯寄托着渔民祈福纳祥保平安的美好愿望，体现了民间百姓朴素的精神崇拜。

正月十三晚上，渔民三五成群，拿着扎制的海灯和竹竿、供品、鞭炮等来到海边，根据风向选择放海灯的地点，点亮蜡烛或接上电源，用竹竿把海灯推向深水，让它们顺风漂向远海。此时岸上鞭炮齐鸣，香火缥缈，祭拜活动开始，把放海灯这一民俗活动推向高潮。

大连放海灯习俗保持了相对原始的古朴传统韵味和地域特点，但海灯的制作因为制作材料、灯光设置和制作者审美观念的变化而在传统工艺的基础上有了新意。2011年，庄河市石城乡的赵忠强就做了一只微型航空母舰海灯，同乡李建猛做的环保海灯《太平11》获得当年全乡海灯评比冠军。如今，各种彩扎的海灯已是花样翻新，异彩纷呈。

手扎风筝

大连还有一些彩扎艺人，他们寄情于风筝，动手扎制前就心系蓝天，放眼高空，在扎风筝和玩风筝中体验成功的喜悦和放飞的乐趣。

大连玩风筝的人不少，据说有数万人，扎风筝的人却不多。但是大连人制作的风筝因为受自然环境和大连人审美爱好的影响，已经有了自己的特色。

风筝在中国有2000多年的历史，它的起源很有意思。有资料说，春秋战国之际的墨子做了一只风筝，飞了一天才落下来。还有的说风筝是韩信发明的。又说，五代李邺于宫中做纸鸢，引线乘风戏。后于鸢首，以竹为笛，使风入竹，如鸣筝，故名风筝。风筝最初的功能应该是用于军事，后来才转为娱乐。古时候，除了民间艺人，许多文人也亲手扎绘风筝，自己放，也赠送给朋友，被认为是极为风雅的举动。《红楼梦》中就有宝玉、黛玉放风筝的描写。现在，放风筝已经成为群众性的体育运动项目和健身休闲娱乐活动，因为这种需要，大连民间专业和业余扎风筝的人也多了起来。大连扎风筝的老艺人，不是祖籍山东，就是河北一带移民的后裔，新手也受齐鲁和中原风筝文化的影响，在扎制风筝的基本手法和风筝的样式上都有本可依，有根可寻。

比如，串式风筝是把数只相同或不相同的风筝拴在一根或多根线上放飞的风筝；桶式风筝是采用折叠结构的骨架，由一个或多个圆桶组成的风筝；平面板式风筝中间无凸起，四周由竹条支撑。还有硬翅类风筝、软翅类风筝和与传统风筝大不相同的现代类风筝。有一种现代类风筝叫运动风筝，放飞时需要两手同时牵动。串式风筝、桶式风筝工艺复杂，需要制作者有较高的技艺和丰富的经验，这样的艺人在大连屈指可数。平面板式风筝，如传统的沙燕风筝制作简单，放飞方便，制作者比较多。雏燕、新燕、肥燕、大小燕风筝，品种不少。

大连风筝艺人做风筝一般都要经过制平面图，扎骨架，剪裁粘糊，绑拴提线，调整提线、试飞和修正，着色几个基本步骤，如果做立体风筝，还要绘制立体结构图。

扎骨架的材料主要是竹子，也有用新式材料碳素杆的。骨架扎好后有些地方要用线绷紧，以防松脱变形，关键是要保持对称。剪裁粘糊的材料过去是纸，现在大多是腈纶布或其他格布。绑拴提线视骨架结构，在适当施力点系绑上提线（一根或几根）。调整提线、试飞和修正是重要环节，哪怕是一个韭菜叶宽窄的误差，风筝也飞不上天。有时需要变更部分结构，削细竹筋，调整受力面，经过多次试飞和修正，风筝才能平稳飘浮在空中。

大连风筝艺人分两大类，一类出自风筝世家，一类是半路出家。姚庆山和苏大勇就是出自风筝世家的做风筝和玩风筝的高手。姚庆山的岳父在世时靠扎风筝为生，最擅长做传统的老三样风筝，即老鹰风筝、燕子风筝和长龙风筝。据姚庆山回忆，岳父做的长龙风筝有100多节，每一节的重量都必须相等，制作时要一一拿到天平上去称量。姚庆山从妻子那里学到传统风筝的做法，技艺娴熟后，又总结经验，查阅资料，做起了现代类风筝，并带着自己做的风筝在国内和世界各地表演比赛，在大连风筝圈内很有名气。苏大勇的父亲也是专业做风筝的老艺人，做的风筝样子美观，飞得又高又稳。苏大勇高中毕业后就跟着父亲学做风筝，曾以此为生。据说姚家和苏家的风筝有过销售的兴盛期，代表了大连风筝的最高水平。

彩扎·风筝　作者：薛思勤

彩扎·风筝　作者：金延山

能在国内外进行风筝特技表演的韩圣东也是一位制作风筝的高手，他制作的长龙风筝长达百米，由几百个小风筝片组成，调试过程十分复杂，放飞时需要多人操控。他还独创了一只直径3米多的无尾八卦风筝，舍弃用来保持平衡和稳定的尾巴，风筝自身就能稳稳当当地飘浮在空中，创意之大胆，制作之巧妙，十分罕见。

小时候在河北生活过的薛思勤老人10岁就能像当地民间艺人那样用枝条、纸做风筝，退休后在外地买了只风筝给外孙，外孙不玩，却勾起了他的兴趣，于是他重拾手艺，做起了风筝。他做的平面板式风筝大的有3米宽、14米长。他为祝福北京奥运会一帆风顺而花费两个半月时间制作的串式风筝由五个福娃组成，放飞在空中人人叫好。鱿鱼、海豚等许多海洋生物都被他做成风筝，融入了大连海洋文化，还被他儿子带到国外放飞，令外国人赞叹。为了做一只俗称“老板鱼”的鱼风筝，他从市场买回最大的老板鱼，湿漉漉地铺在纸板上画草图。用这样的方法，他做了十几种鱼风筝。

大连城乡有许多名不见经传的做风筝的手艺人，像金州向应街道彩扎艺人王福家，除了扎龙、扎狮子、扎各种娱乐道具，也会做各式风筝，他做的蜈蚣、龙等串式风筝长达百米。甘井子区的周占元老人做的“吉庆有余”风筝由30个小风筝组成，长达108米，用以观赏的小风筝精巧别致，比手掌还小。这些人隐于民间，不为人知，他们做风筝不是为了卖钱，纯粹是兴趣所至，休闲娱乐，看着亲手做出的风筝被自己或别人的手放飞到天上，就欢喜不已，乐在其中了。

大连临海风多，晴天较多，可以放风筝的广场也多，进入5月份以后，人们“忙趁东风放纸鸢”，仅大连星海广场就时常会出现千人放风筝的盛况，金石滩旅游度假区近年来经常举办风筝放飞大会，每次都是三四千人参加。在十里黄金海岸的沙滩上放飞数千只风筝，场面十分壮观。大连天空中，传统风筝与现代风筝比翼齐飞，点缀蓝天，丰富生活，形成一道上下飞舞的风景线。

丝网艺术

丝网艺术·花鸟　作者：杨翠兰

20世纪90年代末，大连引进了一种新的手工扎制工艺，人们叫它丝网艺术。这种工艺与中国传统的彩扎十分相似，用铁丝扎骨架，用彩色丝袜、布绸、尼龙线、胶带等几乎与彩扎所用材料相同的材料扎制而成，应该归属于彩扎工艺范畴。

丝网艺术品是纯手工制作的，清秀脱俗，典雅高贵，色彩艳丽，造型丰富，具有半透明特性，历久如新，有独特的艺术表现力和感染力，既能满足各界人士的审美要求，也能让不同文化背景的人随心所欲地搭配制作。大连人接受外

丝网艺术·仙鹤　作者：李玉兰

来文化的能力很强，又有很多人有彩扎基础，所以丝网艺术很快流传起来，出现了一些技艺高超的艺人。有的将传统彩扎工艺与丝网艺术相结合，充分发挥想象力，创作出不少精美的丝网艺术品，有的作品进入市场，走进百姓家。李玉兰、杨翠兰、王少化、张金普、万玉清、丛学凯等人的丝网动物，王露澜、刘连杰、王德迪、李丽、王正枝、王少翠、王丽丽、王映霖等人的丝网花卉都是大连丝网艺术品中的精品。

李玉兰是大连较早接触丝网艺术的人，爱美爱花的她从模仿街头小店里的丝网花做起，琢磨出许多新鲜花样，已经有多年的从艺经历，对丝网艺术颇有见解，成为小有名气的丝网艺人。习惯上，丝网艺术都是用来做丝网花的，聪慧的李玉兰却尝试用丝网做小鸟、公鸡、金鱼，成功后又做天鹅、孔雀等大型飞禽。为了做好丹顶鹤的头部，她多次到动物园观察，细心体会，老伴儿非常支持她，为她拍照当助手。她别有创意地设计制作出尾羽可以开合、尾翎眼状斑上缀有闪光珠片的孔雀，以及振翅欲飞的火烈鸟、绚丽多姿的锦鸡和成双成对的鸳鸯，这些动物形神俱佳，以全新的艺术表现形式呈现出来，让人们感受到丝网艺术的魅力，也领略到作者李玉兰的巧手匠心。

丝网艺术·麒麟　作者：张金普

手扎昆虫　作者：王炳欣

彩扎工艺的应用在人们生活中随处可见。大连曾经有扎制京剧盔头的高手，叫徐万德；也有扎制毛猴的艺人，叫王新德；还有刘海峰，能用10多斤真人发丝扎制出2.2米高的头饰。除此以外，用秸秆扎鸟笼子、蝈蝈笼子，用植物的茎条扎花卉和小动物玩赏，扎笊篱和盖帘使用，在大连民间从古至今屡见不鲜，制作者不见得都是彩扎艺人，但是正因为有了这样的文化基础和群众需要，彩扎，尤其是传统彩扎才得以保留和流传。

结艺篇

寓意吉祥说编结

在大连，有这样一些中老年妇女，她们大多是下岗女工或退休人员，人生阅历丰富，生活态度乐观，心有千千结，身有巧巧手，一根普通的丝绳在手中三缠两绕，就能像变魔术一样，编出各式优美的物件，让人看得眼花缭乱。因为感兴趣，近年来，大连的一些天资聪慧的年轻女子也能编出一手好结。编结的人把这些寄托着美好情感和吉祥祝福的手工艺品送给邻里亲朋，或者拿去展销，给自己也给别人带来欢乐和美的享受。结渗透着中华民族特有的、纯粹的文化精髓。

结从头到尾用一根丝绳编结而成，根据其形、其意而命名。把不同的结饰结合在一起，或与其他有吉祥图案的饰物搭配组合，就形成了造型独特、绚丽多彩、寓意深刻、内涵丰富的中国传统结饰物品。

结寄托着中国人千年不变的美好愿望，人的情感有多么丰富，结就有多么丰富。早在文字产生以前，古人就用绳子打结来帮助记忆，大事打大结，小事打小结，龙的形象在史前时代就是用绳结的变化来体现的。《诗经》中也有关于结的诗句，“亲结其缡，九十其仪”，就是描述女儿出嫁时，母亲一面与其扎结，一面叮嘱女儿到婆家注意礼节的情景。漫长的文化积淀使结渗透着中华民族特有的文化精髓，团结、结缘、结发等字眼充满力量、和谐和情感，都是给人团圆、亲密、温馨的美感，因此中华绳结就成为一种具有生命力的民间技艺，兴盛长远，流传至今。

结艺·小动物　作者：刘长双

结因造型、色彩之美而动人，又以其形、其意而得名，如盘长结、藻井结、双线结等。其实，大连老辈人做衣服和现在人们做唐装，衣服扣子都是用布绳打的扣襻，扣襻也是结的一种。生活中，谁没有打过结呢？所以，对于结，大连人并不陌生，只不过可能熟视无睹，因为结实在是与我们太亲近了。

大连编结的高手不少，大多是女性。她们心灵手巧，自信要强，心气高，有一股坚持不懈的韧劲儿，通过看资料自学成才，在互帮互学、交流切磋中不断提高技艺，别出心裁，创新花样。

编结主要靠一双巧手，编简单的结，只需线绳在手中盘绕即可，编较复杂的结就需要用图钉在纸板上固定线路。线从别的线下穿过时，也可以用镊子和钩针辅助。结编好后，可用针线在关节处微钉几针，以固定结形。

大连人编结的线绳种类很多，有丝、棉、麻、尼龙、混纺等，选用哪一种线绳，取决于要编哪一种结，有什么用途，各色各类、不同质地的线绳可以编成许多不同风格、不同形态与不同韵致的结。线的硬度要适中，太硬操作不方便，定形不易，太软结形不挺拔，轮廓不显著，棱角不突出。编一件单纯用来欣赏的独立结用线比较自由，而编扇子、风铃等可在人手中摇动或被风吹动的器物下面的结，宜采用质地较软的线，以便让结与器物合二为一，在摇曳中产生动态的韵律美。选线绳还要注意色彩，为古玉一类古雅物件编装饰结，线绳就要选较为含蓄、古色古香的色调。

结讲究整体美，用线要得当，结的线纹要平整，结形要匀称。如果是为别人的物件编装饰结，则要因物打结。结与饰物的大小、质地、颜色、形状要相互配合，相辅相成。

下岗女工刘长双6岁就跟奶奶学编结，奶奶手巧，她的手更巧，一教就

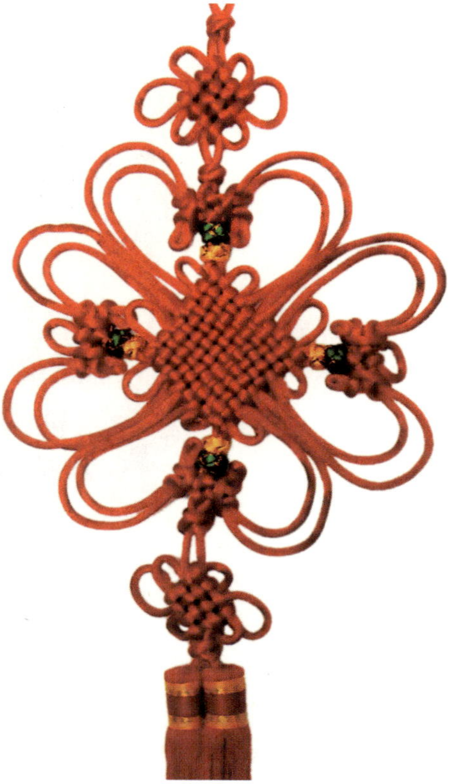
中国结·四季平安　作者：张蔚萍

会，过目不忘，很快便崭露头角，人送外号“刘巧儿”。孙悟空、二郎神、花木兰、穆桂英等人物形象在祖孙二人的手中通过结的形式表现出来，让人耳目一新，赞叹不已。在这个过程中，刘长双逐渐有了一手编结的绝活儿。但她不满足于奶奶编的那些传统物件，翻阅了大量资料，不断创新，推出新的作品。有一天，刘长双在街上看见一个小女孩的背包上挂的布娃娃两条腿是用绳编制的，随着女孩的步伐来回摇摆，很有动感，她看得入迷，跟着人家走出好远，还情不自禁地伸手去摸。女孩的母亲以为她要抢包，大声呵斥，她才如梦方醒，连连道歉。她回到家中凭记忆反复琢磨，终于创作出一套手编圣诞老人，被德国客商订购，不久，德国圣诞树挂上了刘长双的这种动感十足的圣诞老人。

刘长双打结，用绳有粗有细，编和钩结合，题材广泛，有很强的观赏性和实用性。作品线条平滑流畅，很难看出有接头的地方，构思十分巧妙，做工非常精细。2001年，下岗四年又以编结出名的刘长双被聘为手工编织教师，至今已有难以计数的女工得到她的传授，许多人成为她和丈夫于国政创办的“无围工厂”的工人。

张蔚萍是大连编结的高手之一，小时候，母亲绣花，她在旁边帮忙，动动针线，锁个扣眼，乐此不疲，是个巧女子。她的巧，源于从小就对手工活计的热爱和不服输的韧劲儿，以及开朗乐观的天性。从工厂内退后，一个偶然的机会，中国结闯入了张蔚萍的生活，她从此与结结缘，一直为编出心中最理想的结倾注心血，勤学苦练。初练时找不到师傅，张蔚萍就买来资料书独自钻研，为弄懂和会编一个最简单、最基本的三回盘长中国结，她整整琢磨了三个晚上，好不容易编出来，整体又不对称，又熬了几夜整形，才略感

结艺·猫咪　作者：宿秀兰

满意。凭着这份执着，她很快就得到了国家颁发的工艺编结工证书，开始培训下岗女工了。

张蔚萍现在打中国结，只需用大头针将线绳一头固定，想也不用想，谈笑间，左弯右拧，再固定，再弯再拧，瞬间手中便有了雏形，《四季平安》结就是这样编成的，堪称中国结中的杰作之一。张蔚萍的编结与众不同，经常加进去一些中国传统手工技艺，表现多种民间艺术之美。譬如她创作了这样一个中国结，一根线绳除了编出上、下两个结以外，还编出了一个大大的结圆，结圆的内部用钩针钩出丝线衬底和一个大大的“福”字，整个作品平衡对称、端庄周正、福气吉祥。张蔚萍的创作题材十分广泛，动物、花卉、身边物件都能被她用结的形式表现出来，或憨态可掬，或形神典雅，或托结寓意，都是她对生活的感悟和心声的表达。

退休教师宿秀兰也是大连编结高手，幼年时在长辈人的影响下，她对中国结初有接触便情有独钟，经常用马莲草编出一些小物件、小动物，后来又用塑料绳、头绳打出许多好看的结。在这个过程中，她逐渐认识到，结是中国传统文化的一部分，编结是老祖宗留下来的手艺，编结不但能够自娱自乐、陶冶性情，还能美化生活、寄托愿望，所以始终心有结缘，不忘传承。退休后，尽管她已经离开了教学岗位，但一听说学校要进行校本课程开发，就立即向工作过的学校提出了弘扬中国古老艺术，学编中国结的建议。

为了提高技术上好课，宿秀兰系统地总结了自己的编结经验，搜集资料研究、实践，废寝忘食，苦苦探索。除了掌握编基本结的要领和程序，还对动物结、花卉结等各种饰物结产生了浓厚的兴趣，乃至痴迷，有时单凭一张图片，就能用结的形式表现出来。譬如她看到一只小鹿的画面，就反复琢磨了两个半月，总结出来了一套独具自己创作风格的编结规律，编出一只活生生的小鹿。再如彩色金鱼结的编织手法，是对原有资料的补充，也是在原来基础上的改进和创新，作品别有一番风姿。现在，宿秀兰不但完整地掌握了中国结的传统编结手法，还自研自创了40多种动物、植物和饰品的编结方法。结使她重新走进课堂，她因传授结艺而受人尊敬，也因结而老有所乐，老有所为。

中国结·冰花朵朵　作者：傅玉坤

傅玉坤的童年是伴随着蝈蝈声度过的，母亲用秸秆编的蝈蝈笼让她对手编产生了浓厚的兴趣。母亲手巧，一根普通的线绳绕来绕去就能编出各种精致的结扣挂件，让她羡慕。于是她用心学艺，小小年纪就能编出许多平结和斜卷结，许多人慕名而来，讨要她的绳结和挂件。后来她又买来资料书刻苦钻研，越编越复杂，越编越放不下，与绳结艺术结下了不解之缘。

没有傅玉坤不敢打的结，植物，中外人物，天上、地下、水中动物，百姓日用物件都能用结表现出来，而且

结艺·小家伙　作者：赵亚力

造型美观大方，色彩艳丽和谐。例如《冰花朵朵》和《龙凤呈祥》，她在传统的中国结中加以变化，呈现出新的构图，表现虽然直白，寓意却更为丰富。又如《加菲猫》和《官吏》，动物和人物都天真可爱、诙谐有趣，结绳与钩织工艺共用，衔接得天衣无缝，足见其结绳功力。

女工程师赵亚力学的是机械制造专业，看起来与结绳艺术不沾边，但机械制图是把立体的零件拆分成平面图，逆向思维，平面的东西也可以组装成立体形态，这倒为喜爱美术创作又有美术功底的赵亚力选择用线绳表达心情创造了条件。

她把结绳与钩织结合运用，突出自然属性和雕塑感，充分发挥自己的专业特长，通过不同视角，尝试各种设计，别具匠心地精编细钩出一件件文化内涵丰富的艺术品，尤其以动物造型最为出色。例如《十二生肖起源图》，创意源于《诗经》中关于生肖与地支相配和地支与天干起源于玄黄、女娲的记载，在红色底板中间编织了玄黄、女娲形象，设天干地支罗盘，地支上有象形文字，显示其与生肖的关系，再用青花瓶造型编织成造型夸张的十二生肖形象，古韵十足，清秀典雅。《白雪公主和七个小矮人》、《卖火柴的小女孩》则取材于外国童话故事，别有一番情趣。赵亚力编织的人物眉清目秀，动物连肌肉走向都能看出来。这个工程师出身的女人正尝试着编出具有大连文化特色的结。

结艺中还有一种，就是结绳与布艺同时出现在一个挂件上，制成端午节中特殊的民俗饰品。制作者心存祝福，购买者求得祛病辟邪，它们是最具中国传统文化特色的绳结艺术品。它们在特定时间内出现，因民俗活动而存在，因人们审美观的变化而发展，推陈出新，花样繁多，在民间流传很广，

结艺·十二生肖起源图 作者：赵亚力

端午节时庄河街头的结艺饰品 庄河市文化馆资料

应用普遍，深受百姓喜爱。制作这种结的手艺都是祖辈传下来的，有的人凭个人兴趣编结自用，有的人以家庭作坊的形式生产销售结。韩月桂、韩月娥、韩月松、韩月巧等韩氏家族中的老人及其后代都擅长编这种结。还有一种结，在用料上打破传统，用串珠打结，手法略有不同，造型挺拔硬朗，玲珑剔透，珠光宝气，现代元素较多，作者也大多是中青年妇女，如王艳秋、赵俐等人，赵俐还在安波成立了珠艺坊。

各种结都是纯手工制作，每个结艺人的心中都有跟别人不一样的结，每一个结艺品都是独一无二的。结有形有色，有意有情，内敛含蓄，一根打结的绳永远在创新中寻找着美好的造型和图案。时至今日，结早已不单单是多愁善感者的心情寄托之物，更是装点美好生活、富有吉祥如意寓意的民间艺术品，因此，大连结的艺术不仅源远，还会流长。

标本篇

出海离山形神在

标本似乎不应该出现在一本讲述大连民间艺术的书中，但是一旦见识了它们的手工制作过程，看到它们虽然失去了生命却依然栩栩如生、魂魄附体的样子，你就会不得不承认，它们是地地道道的工艺美术品，制作它们或者说是创作它们的大连人也的确是一些心灵手巧的民间艺人。

标本是经过加工整理而保持原形的动物、植物、矿物等的实物样品，供观摩、研究之用。大连人很早就在胜利桥边的大连自然博物馆里见到过动物标本，现在可以在黑石礁海边的大连自然博物馆新馆观看许多海洋生物和陆地生物标本。这些形态各异、散发着原生色泽的动物标本不但是大连人接触和了解大自然生物的一个渠道，而且也引起了大连人对标本的兴趣，提高了他们对标本的审美鉴赏力。动物的体形美、造型美是一种无雕琢的自然美，标本原生态的美感更能满足现代人的审美需求。标本为许多人所喜爱、观赏和收藏，作为装饰摆设，陶冶性情，美化环境。因此，在有海有山的大连，有人从事海洋生物和鸟兽标本的艺术创作就并非偶然了。

标本的整理工艺复杂，是细活儿，重在保持原形，贵在使之传神。好的标本艺人在多年不断的实践中逐渐摸索出一套经验，能在不损坏皮、毛，保持原状的基础上进行艺术加工，做到形神俱佳，以假乱真，而且保存久远，不走形，不褪色。不是实际操作者，难以领悟标本工艺之奥妙。

制作标本的意义不仅仅是观赏，人类对海洋生物的过度捕捞和对鸟兽的任意捕捉可能会使某一种生物在人们的眼前永远消失，用标本把它们固定而长久地保留下来，不失为一种补救方式。

海洋生物标本

海洋生物标本是最具大连特色的动物标本。大连三面环海，海洋生物种类繁多，制作海洋生物标本不愁没有实物。奇形怪状的海洋生物上得岸来，作为标本展示在人们面前，虽然它们脱离了大海，却始终带有大海的气息和情怀，给与海洋为伴的大连人带来的亲切感和愉悦感是不言而喻的。

旅顺口区的于元春从20世纪80年代初就开始研究和制作海洋生物标本，至今已成功制作了鱼、龟、虾、蟹标本百余种千余个，大的有1.5米长，小的不到3厘米，他把它们搭配起来挂在墙上，吊在空中。拿到展会上展览时，在蓝色波浪的衬托下，有如一片有生命的立体海景，让人震撼。

海洋生物标本的制作，以鱼标本的制作为例，有剖皮、浸泡、充气、填充、缝合、晾干等几道主要工序，全部是手工制作。于元春从鱼皮较厚、弹性较强的鲀鱼开始做起，逐渐做鱼皮较薄、较脆的鲅鱼、带鱼。他说薄如纸、脆如酥的鱼皮最难剖离，稍有不慎就前功尽弃。实际上，每种鱼的剖皮方法都有所不同，手法的轻重、动手的顺序都有讲究，因鱼而异，需要反复试验，细心揣摩。浸泡时要加防腐剂和消毒剂。充气是让鱼皮恢复到原来状态，为填充做准备。填充物根据鱼的大小和品种可以用化纤棉、木屑、棉絮等，然后缝合，自然晾干。经过这样几道基本工序，一条新鲜完整的海鱼就变成了一个干爽而饱满、形真而神在的原汁原味的鱼标本。

于元春的鱼标本基本上不人工上色，尽量保留住鱼的本色，显得更生动质朴。除了鱼标本以外的其他海洋生物标本制作过程大同小异，于元春制作的龟、虾、蟹标本同样具有鱼标本的艺术特征，都是最大限度地表现了海洋生物在海中畅游或爬行时的最佳形态和自然色泽。如月腹刺鲀、大青鲨、短尾大眼鲷、大海龟等，个个精神抖擞，似在海中游动。

在旅顺海边长大的于元春水性极好，为了观察海洋生物在水中的状态，他经常不分季节地潜入海底，几乎每天都要到鱼市场寻找适合做标本的鱼。渔船靠岸时他也去挑鱼，每当遇到从未见过的海洋生物他就欣喜若狂，花多大价钱买下来也不心疼。久而久之，那些卖鱼的和打鱼的都把一些怪异的、

海洋生物标本·中华鲟标本　作者：于元春

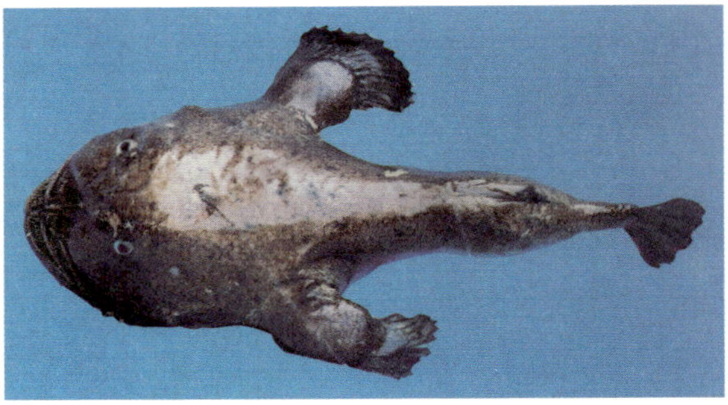
海洋生物标本·黄鮟鱇标本　作者：于元春

海洋生物标本·猫鱼标本　作者：于元春

海洋生物标本·大海龟标本　作者：于元春　路月芬

叫不上名字的鱼送上门来供他选用，慕名来观赏标本的人也越来越多，有些鱼标本就被于元春当作礼物送出去了。

于元春17岁就学烹饪，是高级厨师，现在有了一家饭店，天天和鱼打交道。他对鱼类和其他海洋生物的认识和理解有独到之处，说起来头头是道。他的妻子路月芬也兴致勃勃地和他一起做标本，女性的缜密，使他们更加注重细节。正因如此，他制作的海洋生物标本才独具特色，堪称绝品。于元春把自己对家乡大海的感情全部倾注到这些标本的制作过程中，所以他的海洋生物标本个个都仿佛是有生命的艺术品。

鸟禽标本

旅顺口区三涧堡街道有一处辽宁省林业厅颁发许可证的野生动物驯养繁殖基地，又经大连市野生动植物保护站允许，可以经营蓝孔雀、山鸡等鸟禽标本。基地的主人曲卫东和于青华夫妇保护野生动物的观念很强，逢人便出示文件，强调他们做鸟禽标本不是乱来，是政府批准的合法行为。

曲卫东的父亲年轻时尝试做鸟禽标本，日积月累，摸索出一些制作技巧。小时候父亲做，他就在旁边看，先是看热闹，后是看门道，渐渐地，由喜欢看到帮忙做，兴趣盎然，颇有心得。别的孩子兴趣广泛，他却对鸟禽标本情有独钟。直到后来当兵，开酒楼，也总放不下这个爱好，终于在多方努力几经周折之后名正言顺地驯养繁殖野生动物，制作鸟禽标本，从此心无旁骛，专心致志，把制作鸟禽标本当成一项事业。

曲卫东和于青华做鸟禽标本有十几道工序，技艺一部分来自父亲的传授，更多的是自己的研究和总结。青出于蓝而胜于蓝，曲卫东的专业化操作已经上升为一种艺术创作，非一般业余爱好者的水平可比。剖皮脱毛中如何防止破损，配的药剂怎样才能无色无味无污染，怎样使用才能使鸟禽不脱毛不掉色，表皮缺陷处如何缝合补救，用什么丝线，后期定型填充什么物质才能保持弹性而不变形……这些工艺手法各有不同，顺序有章可循，很有讲究。

曲卫东和于青华夫妇做鸟禽标本的标准是形象生动，神态逼真，做好以

鸟禽标本·红腹锦鸡
作者：曲卫东　于青华

鸟禽标本·孔雀 作者：曲卫东 于青华

后放到同类活物中间难辨真假，好像一放到山上就能奔跑飞走一样。这是他们做鸟禽标本始终追求的境界。

野生动物驯养繁殖基地为他们提供了做标本的资源和条件。他们吃住在基地，天天厮守在鸟禽身边，熟悉它们的举动习性，标本的状态和神韵在动手之前就胸有成竹。他们爱惜自己的作品就像鸟爱惜自己的羽毛，在制作过程中精益求精，保证每一件作品都向人们呈现出最完美的一面。

孔雀标本表示善良美丽，红腹锦鸡标本祝福前程美好，鸳鸯标本比喻夫妻恩爱，山鸡标本寓意大吉大利，总有文化内涵在其中。这些有着中国文化传统美的标本与单纯供研究用的标本自然会大有不同，格外有魅力。

鸟禽标本·鸳鸯 作者：曲卫东 于青华

民居造型篇

木棍沙石建小屋

大连有一些因为重情念旧而放不下老屋的人，他们常常在梦中走进老辈人或自己曾经住过的东北民居，那古朴传统的房屋样式、淡雅无华的院墙门楼，散发着浓烈醉人的乡土气息，总会勾起他们些许惆怅和满腹乡情。于是他们就用身边的秸秆木棍，或碎石泥沙，把心中的民居形象一一搭建在现实生活中。因为有爱，就有了表达美好生活的愿望，有了主观的创作，由此产生了一种由大连民间艺人独创的民居造型艺术。

秸秆木棍造型艺术

岁数大一点儿的大连人都记得，小时候见过的装蝈蝈的小笼子，其精巧的造型和精湛的手工让人爱不释手。看着里边的蝈蝈跳，听着清脆的蝈蝈叫，真让人赏心悦目，许多人的童年是在它们的陪伴下度过的。

这样的小笼子是乡间百姓用高粱秸秆、玉米秸秆或柳条、小木棍手工制作的，像笊篱、盖帘一类的日用品也是用了相同的材料和类似的工艺。

现在，这种古老的传统工艺在大连艺人手中有了新的创意和变化。不是使用材料和制作程序的改变，而是制作对象的逐渐改变，从家庭实用性物品转化为观赏性极强的工艺美术品，由此也带来了基本技法的革新。这种新的艺术形式被称为秸秆木棍造型艺术，主要是指艺人们创作的东北民居。从历

秸秆木棍造型·中国农家小院　作者：李伟

届全国工艺美术展会上得知，这种工艺还是大连艺人首创的。

普兰店的李伟是古老工艺的传承人，也是推陈出新、创作秸秆木棍工艺品的实践者。

李伟的爷爷和父亲都是扎制灯笼、牛、马、人物的民间艺人，尤其擅长用木棍扎制各式各样装蝈蝈的小笼子。李伟在这种环境中长大，大人用什么材料、怎样制作，不用特意去学就能看会。他10岁就在爷爷、父亲身边帮忙，自己会做五六种秸秆木棍小笼，又结实又美观，送给小朋友们装蝈　蝈玩。

上学后，李伟酷爱美术，对爷爷和父亲的手艺一直难以忘怀，割舍不下那些带有乡土气息和童年乐趣的立体造型器物，因此下岗后立即想到继承父辈衣钵。他考察市场，翻阅资料，造访民间艺人，半年后厘清了思路，要用传统工艺，以秸秆和木棍为材料，以自己熟悉并且曾经在其中生活过一段时间的民居为原型，做出一套东北农村民居。

他用一年的时间做准备，大量搜集各种木棍、草棍、秸秆等，然后一点点儿进行打磨、切割、烘干，又经过精心制作，两年后，第一座用秸秆、木棍制作的中国农家小院诞生了。这件作品长33厘米、宽16厘米、高20厘米，表现的是东北地区农村三间瓦房和房前小院，院内的鸡舍、石磨、柴垛、木梯、农具、坛坛罐罐等一应俱全，而且都是按东北地区的风俗摆放的。室内，各屋都有火炕、炕桌、红木木柜、座钟、帽筒，十分逼真。炕桌上有八个大碗，寓意合家团聚、日子富裕；门上贴有春联和挂笺，显示着农家小院的原生状态。这是一件立意新颖、具有深厚文化内涵的手工艺术品。

其后做成的东北草房长23厘米、宽15厘米、高20厘米，房顶呈三角形，有檩有椽，面涂泥巴，稻草由下而上铺在泥巴上。有两扇老式木板门，有中间镶玻璃的花格窗，屋檐下有各种农家用具，还有半截石墙、一盘石碾子。另一座东北木屋则是用圆木板材搭建而成，制作该作品耗时一年之久，各种木棍用料1000余根，设计严谨，工艺精湛。东北平房前脸四根明柱支撑四面房柁，房檐下前后共36根椽子，房前有管井、三种家具、一条马凳。

这一座座木棍支房柱、搭屋顶、雕门窗、刻农具和秸秆扎篱笆、堆草垛、做猪圈鸡舍的微型小屋，小巧玲珑，形真韵浓，做工精巧到极致，演绎着辽南特有的民俗风情。

以李伟为代表的普兰店秸秆木棍手工技艺的基本工序是：设计构思、处理材料、制作部件、整体组合。

其简单作品，如小笼子、盖帘等小物品，不用提前画图纸，一般都可以随手做来。而作品东北民居因其制作复杂，要求精密，所以艺人在制作前，要先画好平面图纸。平面图纸中各部件的大小比例、搭配角度以及艺术审美都与实际相符，这样做出来的民居才逼真。而材料基本上是山上生长的各种自然草棍、树杈上的各种木棍和各种秸秆加工出的小圆棍、方棍、扁棍等。材料选定后要进行清洗、烘干、切割、打磨，整理出半成品。最后还要高温消毒，保证材料不开裂、不变形，同时又要保持材料的原始风貌。

例如一件东北民居作品，一般高二三十厘米、长30厘米左右、宽20厘米左右，从院内的鸡舍、石磨、水缸、柴垛、水瓢，到房内的连环画、米柜、灯线、开关、火炕、炕桌、猎枪，都一应俱全。这些部件非常多，有200余件，要用到2000多根不同样式的木棍，横截面最小的只有0.25平方厘米。制作部件的工序主要有切割、打磨、捆扎、打楔、开眼等。各部件做好之后，按照从里到外、从下到上、先局部后整体的顺序进行组合，所有连接处的打眼部位全是用牙签状的小圆棍一点点儿穿起来的，所有的门窗都能开启自如，连石磨都可以转动。两根木棍之间的连接采用自制的水胶进行黏合，有的还采用斗拱形式进行组合，所有组合都不用铁器加固。

2010年以后，李伟和他的团队开阔视野，把制作木屋的工艺推而广之，用相同的材料，研发制作出最具大连城市特色的旅游纪念品《大连电车》。

木棍造型·大连电车　作者：李伟

作品长320厘米、高150厘米、宽110厘米，2000多个部件全部手工打磨而成，8扇门均可开关，直径2毫米的车顶天线可前后翻动。车前的小铜铃随风摆动，操控台上的铜把手闪闪发亮。车内从隔断、座椅、扶手到窗户上的安全栏杆样样齐全，前后大灯、小灯、保险杠、流水管、铆钉、车轮、标牌一样不缺，是大连电车的浓缩，精巧至极。

李伟做东北民居和大连电车是继承祖辈手艺后的创新，而曾经当过下乡知青的李春梅独出心裁做小屋，则是因为她对农家院落魂牵梦绕，是对那段知青生活的一种忆旧方式。

李春梅曾在市场卖鞋，闲暇时剪鞋盒子做小房子，做出来的小房子都自

秸秆木棍造型·农家小院　作者：李春梅

然而然地呈现出她曾经在乡下住过的农家小屋模样。她在那里面睡过热炕头，出出入入，生活了七八年。她凭印象做的农家小屋惟妙惟肖，有的进行了艺术加工，融进了自己对农村生活新的理解。她发现她在用秸秆和木棍搭建小屋时，仿佛又回到了充满人情味的乡亲们中间，找回了自己已逝的青春。这些小屋里里外外都透露出温馨和谐的乡土气息，火炕、家具、磨盘、锄头、水井、牛车、鸡窝，个个逼真生动，甚至还有院中的花草和房檐下的玉米棒。李春梅以女性的细腻和丰富的想象塑造着自己心中的理想农家，每一根木棍、每一节秸秆都寄托着美好的情愫。

后来李春梅又尝试做其他样式的木屋，做出了毛主席故居等20多个品种的各类房屋。为了做好原来的大连贝壳博物馆，她围着博物馆前前后后走了十几个来回，数门窗，画草图，又托人从各个角度拍了许多外观照片。经过两个多月的琢磨和组合，她的作品终于完成，观者无不啧啧称赞。这个外貌朴实、内心聪慧的老知青有一个很大的梦想，就是要用秸秆和木棍为后人留住大连历史悠久的老民居、老建筑。

碎石泥沙造型艺术

孙全忠是一个有着几十年房屋建筑和施工经验的工程技术人员，一生与房结缘，尤其偏爱传统民居。年轻时就经常向老辈人请教，不但听他们讲住房样式、结构和用料，还要问其间的摆设和居住者的生活细节。中年以后兴趣有增无减，只要知道哪里有旧房就一定要去考察研究一番。营城子汉墓考古挖掘期间，他还跑去仔细观看2000多年前的建筑材料，揣摩那时的工艺。

近些年来，孙全忠制作微型房屋用的是最普通的碎石泥沙和秸秆木棍材料，要表现的是朴素古拙、自然和谐的形象和原生态的田园风韵，以及平民百姓中的生活趣味。当他把第一座这样的微型房屋做出来以后，欣慰之情难以言表，又接二连三地创作出简陋茅草屋、半草半瓦“金镶玉”房屋、简易瓦屋、瓦屋大院，还有20世纪50年代至今的民间各式平房、楼房等，形成了一个能够反映出不同年代民居特征、凝固着历史乐章的微型房屋系列，好像营造了一座东北民居博物馆。

例如反映早年由邻里帮忙盖起的石头砌墙、茅草苫顶、木栅围院的草房，稍后出现的俗称“金镶玉”的半草半瓦房，还有有正房、东西厢房和门楼的三合院的微型房屋，都是孙全忠含意深刻的精心之作。它们一般横长和纵深都是20厘米到50厘米、高20厘米左右，逼真质朴，生活和生产用品点缀其间，生机盎然，气息扑面，显示出作者很强的观察力、感悟力和贯古通今的想象力。看到这些微型民居，会让人产生许多缠绵的回忆，走进它们，就会自然而然地走进那时人们的生活中。

碎石泥沙造型·草房　作者：孙全忠

秸秆木棍造型工艺归根结底是从古老的彩扎工艺中衍生出来的一种手工综合技艺。无论是东北民居系列，还是其他建筑和器物造型，都有别于传统的彩扎作品。而孙全忠的碎石泥沙造型工艺，用的材料虽然不同，但是在艺术表现形式上与秸秆木棍造型工艺有着异曲同工之妙，都是大连艺人独出心裁、标新立异的创作。艺人们用短秸秆、小木棍和碎石泥沙搭建起一座座东北民居的同时，也拥有了属于自己的一片艺术领地。

碎石泥沙造型·瓦房大院　作者：孙全忠

根艺篇

变化腐朽为神奇

大连有一种民间艺术，其作品出神入化，令人叹为观止，但无论艺人的想象多么丰富，技艺多么高超，也不能单凭一己之力达到这种造化生灵的艺术境界，这种艺术叫作根艺。

根艺是发现自然美、创造艺术美的造型艺术，也是一种内容丰富、形式多样、内涵深邃、与天同创的天趣艺术。三分人工，七分天成，大自然即使在泥土沙石中也能孕育出奇迹。那些被人们抛弃或准备烧掉的废根，历经风吹日晒霜打雨淋，仍然具有自然美的形态，蕴藏着生命的活力，等待有人慧眼识“根”。根艺艺人一旦在一块看似不起眼的根材上悟出了形象，并借以表达出自己内心中的思想主题和情感体验，其作品便是孤品。虽然一块自然根不经过加工就是一件根艺作品的情况几乎是没有的，但是大连的根艺艺人还是最忌讳多用雕刻塑造，他们只需要根据树根的枝杈、疤节、疙瘩、孔洞、腐朽的痕迹及天然形状、质地、纹理、色泽，充分发挥艺术想象力，巧妙构思，稍加雕琢，就可以创作出不求逼真、意在形外、自然天成的根艺作品。因此，根艺不是雕刻艺术而是根的艺术。

根的艺术是劳动人民几千年来在生活中发现并发展而形成的。为了美，我们的祖先不仅采用树木的枝干、玉、骨、石及贝壳制作装饰品，也采用树根和竹根制作装饰品。据考证，战国时期的《辟邪》和《角形器》是目前中国现存最早的根艺作品。

大连地区自20世纪50年代起有人开始根艺创作，人数少，作品少，不成气候，90年代以后，大连根艺经历了一个从小到大、从起步到成熟的过程。如今大连已经有了一大批根艺爱好者，叫得上名来的不下数百人，其中50多人小有名气，也有了以根艺为生的职业艺人，很多人自称与根艺打了半辈子交道，30年以上艺龄和家中藏有千余件根艺作品的大有人在。大连根艺艺人大都天资聪慧、勤奋好学，有的是木匠出身。经过多年的切磋交流和刻苦实践，大连根艺在国内根艺界已经颇有地位和影响，艺人素质高，作品更是可以跟国内顶尖根艺艺人的作品相媲美。

大连多山，根艺材料来源丰富，而且比平原地带的根材质量要好，多有奇特形态。工地上的各类树根，果园里淘汰的果树根，以及山洪冲刷等自然现象带来的树根，都是根艺艺人的所爱，刺槐、柞树、山葡萄、杜鹃、紫丁香、看桃、杨树、柳树、榆树、桑树、椿树、松树、枣树等乔木和灌木的根皆可在根艺艺人手中成为根艺作品。大连艺人从山坡、工地、道旁，从农家柴草堆和园林丢弃的桩头、废根中选，还从市内外市场上买，甚至有人十分痴迷，到外地出差或走亲访友时发现中意的根材都会毫不犹豫地花钱买下来，肩背手提，行程千百里，搬进家中，天天端详。

根艺是一种“奇”与“巧”相结合的造型艺术，它的制作过程与木雕不同，讲究“三分人工，七分天成”。但这只是区别于木雕的大致原则，艺人着眼于天然去雕饰，对于根材，如果只用二分，甚至一分的修饰，会更好。这样的根材可遇而不可求，只给有心人留着，所以大连根艺艺人敬畏自然，相信缘分。

大连根艺艺人都知道而且都能自觉遵守的创作原则是寻奇觅美，巧借天然，突出意趣。他们知道作品水平的高低，主要是看作者审美的眼力和想象力。艺人尽管艺术上的修养和所受到的影响不同，技艺上的擅长和表现手法各异，但都要服从所采用的原材料的制约，在尊重树根自然形态的前提下，去发挥独创性。经过作者顺应天然而又显示了创造性加工而形成的作品，具有非人为的、更为自由的、足以显示原材料美的特征和自然质朴的审美价值。作品中所表达的不是某个动物或人物的具体形象，而是要通过根的自然形态与作者内心想要表达出的神韵和意境不谋而合，让根艺作品说出作者的心里话。如果把某一树根雕刻成生活中的某一原型，使其特像自然界的物象，那将失去根的原味而变成木刻。雕得越细越像，恰恰雕走了根艺所表现的自然美。在一定程度上，根艺艺人的想象越是脱俗、离奇，创作的作品美感就越强烈，越有神韵。

大连根艺艺人在制作根艺时一般要经过选材、构思、剪裁、造型、雕琢、打磨抛光、配座、上漆或烫蜡八个步骤。选材是选择造型独特，能表现人物、动物和一定意境的根材作为创作原料。构思时艺人根据根材的枝、杈、节、疤、瘤、洞和纹理、形状等自然形态，结合自己的想象，确定创作目的，用以表达一定的主题和意境。剪裁是将影响作品主题的部分去除，在制作过程中，一般不对作品进行拼接处理。造型是对部分枝杈进行浸泡、烘烤、拉直或者弯曲，做适当的变形处理。雕琢是要在树根自然造型的基础上，对局部雕出轮廓，使之与作品总体形象保持一致。打磨抛光是在作品造型完成后，用电动工具、砂纸、布轮等工具进行打磨处理，使表面精细光亮。配座是依据艺人的总体设想为作品配合上合适的底座，要注意构图的艺术性，突出表现力和整体感，衬托作品主题，为之增色。上漆或烫蜡是最后一道工序，有的作品可以不用。另外，根艺作品是供人欣赏或使用的艺术品，一旦开裂或被虫蛀，就会影响它的欣赏价值和使用价值，因此防裂、防虫十分重要。大连根艺艺人通常用自然干燥法、蒸煮法、烘干法和浸泡的办法防裂，在防裂蒸煮时加入适量的漂白粉、杀虫药等，将根艺成品里的虫菌杀死。

制作根艺的工具有雕琢刀具、整形刀具、锯、锤、锉、钻、打磨机、砂纸以及胶。大连根艺艺人在根艺创作中还坚持了变废为宝、化腐朽为神奇的原则。他们在长期实践中逐渐认识到，适合创作的根材，正是那些在恶劣环境下生成的奇形怪状、腐朽不堪的树根、树蔸，林业生产的废根、废料和剩余物料，以及城市规划和建设中更新树木产生的枯木断根，果园里淘汰果树的树根。这些恰好是符合根艺创作特点的上等原材料，利用这些废根废料进行创作，变废为宝，根艺才有可持续发展的广阔前景。

树根根艺

树根根艺是最为根艺艺人青睐、最受大家喜爱、最有代表性的根艺品种，也最能体现出根艺的天趣。

大连的根艺艺人绝大部分从事树根根艺创作，城里和乡下都有许多技艺

槐树根艺·鱼鹰　作者：衣宝泰

精湛、大有名气的艺人，他们创作了难以计数的根艺作品，有的堪称传世之作。

衣宝泰是大连地区较早接触根艺艺术并有很高造诣的根艺艺人，他长期在园林工作，整天与树木打交道，对树根有一种很敏感的特殊感情。园林中被淘汰和废弃的烂树根，别人弃之不顾，在他的眼里却往往是难得的宝贝，经常在他的手下成为让人眼前一亮的艺术品。这得益于他多年积累的深厚的园林艺术修养，更由于他对根艺有着深刻的认识，有自己的独到见解，善于发现和利用根材之美。创作中，他能顺着根材的自然态势和特点，去夸张、抽象地表现出大自然鬼斧神工般的艺术魅力，创作出出人意料又合乎情理的作品。他的早期根艺作品《鱼鹰》的根材是老乡家草垛中的一块枯朽的槐树根，去掉枯朽的部分和泥土便露出坚韧的质地，反复构思稍微加工以后，这块遍体嶙峋、突兀、匀称的树根就定型为一只在水面上觅食的鱼鹰。为了追求它的神似，衣宝泰又画龙点睛地利用了根材上的一个自然疤节作为鱼鹰的眼睛，从整体看比例恰到好处。鱼鹰双翼扬起，根材的自然裂纹和疤痕恰似羽毛在振动。配座是一块形似浪花的自然树节，表现出湖水的动感。作品使人联想到鱼鹰正贴着水面，在浪花中搜寻鱼的雄姿和好像一旦发现猎物就马上俯冲入水一搏的气概。几十年来，衣宝泰创作了许多这样形神俱佳的根艺精品，名声在外。

周耀俊是大连根艺界的前辈，他看根寻根，发现根材美不是简单地重复看，而是在相根的过程中调动几十年积累的经验、知识和想象力，介入创作思维。进入创作以后，将物象和意象结合起来，互为条件，互相依存，运用

金丝红木根艺·凤鸣神州　作者：周耀俊

梨树根艺·企鹅　作者：周耀俊

象征、联想、比拟、寓意等多种思维方法，合理取舍，顺其自然，仿自然雕琢，追求神似美的大效果。

如根艺作品《展示》，松鼠的造型出人意料，自然形态、疤痕、纹理的运用都恰到好处；比例的不协调，恰恰突出了“展示”的主题；又如《孔雀开屏》，产生了比单纯的写真写实更强烈的艺术感染力。作者抛开现实形象本身的各种细节，用抽象的手法，抓住根材和所表现事物的特征，夸张变形，去繁就简，表现出丰富的想象力和深厚的抽象造型能力。他的作品数以千计，大的一个人搬不动，小的可以拿在手中赏玩，许多珍藏可以传世。

郭忠发是与周耀俊同期的根艺艺人，他爱好广泛，但最爱根艺，生病化疗期间也不忘上山搜寻废根，已创作作品1000多件。他创作根艺，不拼接不上色，少人工多自然，立意新构思巧，废根利用精益求精，作品《小憩》和《天生》等都很好地体现了这个原则。很多枯死腐烂的废根在郭忠发眼中是宝贝，如《悟空拜佛》的根材是他到北京出差时在建筑工地捡到后背回来的。到千山旅游，别人看风景、买土特产，他专往崎岖山路上走，背回一块树根，做成一件好根艺。对根艺的这份执着，使身患胃癌、做过手术的他生活中充满了乐趣。

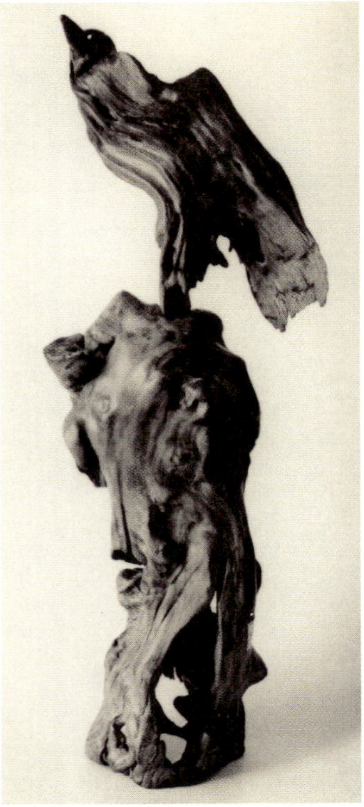

榆树根艺·小憩
作者：郭忠发

小时候就喜欢在木头上雕雕刻刻的王希臣，16岁跟父亲学木雕，对各种木材的质地、纹理和特性了如指掌，为他以后的根艺创作打下了坚实的基础。后来一个偶然的机会，他看了一部关于根雕艺术的纪录片，一下子就被吸引住了，从此与根艺结缘，难舍难分，后来一直做根艺的保养工作。从喜欢和热爱到动手制作，王希臣入门很快，几十年里创作了千余件根艺作品，佳作不断。

王希臣的根艺作品颇具神韵、灵气和力量感，许多作品被赋予故事情节和美好寓意，形成了跟别人不一样的风格。《中华龙》就是他在龙年来临之际立意，而后灵感突现，结合在农家柴火堆旁发现的一块长条形状的野杜鹃根和报刊上看到的红山文化中龙的玉雕件而创作的。这条根艺龙没有经过多余的雕琢，完全是作者因形造势、因势利导的杰作，根的自然形态和人的艺术创作相辅相成，产生了酷似红山文化中龙的中华龙。此龙高0.4米，眼有神，须有形，角挺拔，嘴微长，舌有涎，鼻开阔，颈弯曲，爪舒展，尾上翘，龙颈上有个自然形成的指甲大小的黄色心形图案，翘起的龙尾上也有一条横向生成的鱼形图案。大自然的造化固然神奇，而作者的独具慧眼，独特思考和追求肌理相应、通体贯气的创作理念则使这条根艺龙有了生命，变得灵动起来。

野杜鹃根艺·中华龙
作者：王希臣

王兴成是大连少有的以根艺为生的职业根艺艺人。为了根艺，他放弃干了多年的木匠活儿，练就了一手变废为宝、化腐朽为神奇的根雕技艺。他能在一块烂树根上倾注十年心血，最终创作出一个非同寻常的花盆架；也能多次从山东老家漂洋过海扛回来一块块别人不要的树根，将它们变成一件件艺术精品。他的数以千计的根艺作品像他这个人一样，质朴、自然而有内涵。

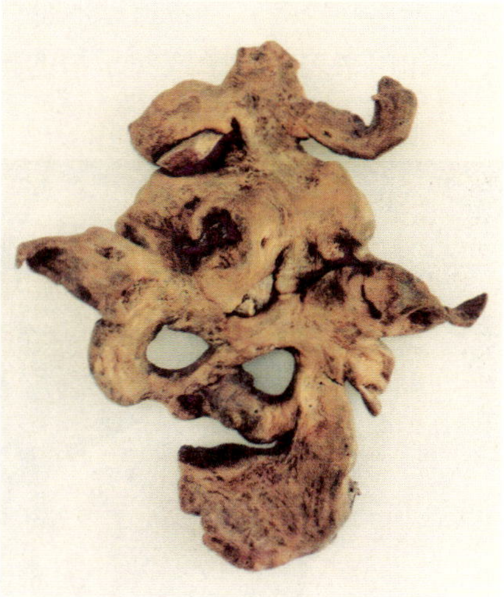

橡树根书·寿　作者：王兴成

王兴成的根艺追求状物美和意韵美，动刀之前绞尽脑汁，在心中一遍又一遍地酝酿构图，尽量保留住根的自然形态，通过艺术加工，使之情趣盎然，令人遐思。他创作的《回归》

在1997年香港回归日亮相，九只材质不同、形态各异的根艺龟首尾相衔，不仅妙趣横生，而且主题鲜明。又如《神龟送经》，作者从天然生成的根与石的形状姿态中联想到《西游记》中通天河里千年老龟驮经的情景，反其道而行之，以根艺龟送石头经的艺术形象取而代之，创意新颖，不落俗套。

王兴成还创作了许多根书作品，以“寿”字等吉祥文字为主。根书是根艺中的一种表现形式，具有根艺和书法的双重特征。根书分两种，一种是把细的根在衬板上编扭拼凑成文字，以朱作德的根书为代表；另一种是用完整的根材创作而成，以王兴成的根书为代表。后一种根书创作的成功与否，很大程度上取决于根的天然形体，这样的天然形体全凭艺人慧眼识珠，而且可遇而不可求，又要求艺人具备书法底蕴，所以大连进行整体根材根书创作的艺人极少，王兴成的“寿”字根书可谓上乘之作、根书珍品。

曾经在云南部队工作过的王岳杰，对南国山水一直难以忘情，尤其对原始森林中的奇特树根恋恋不舍，至今家中还保留着那时创作的根艺作品。改革开放后的大连到处大兴土木，大量的树根又成了他搜集的材料，带给他创作的灵感，尽管与南方的树根材质不一样，但同样具有大自然赋予的神奇美感。他的上千件根艺作品就是这样用一块块从山坡和道边拣来的材料，经过反复推敲和琢磨，成为情趣天然和意境深远的艺术品。

如用来表现母子或父子情的根艺作品《情》，一只大猴背负一只小猴，大猴的慈爱深情和小猴的天真调皮在同一块树根上体现得淋漓尽致，主题十分突出。这是一件讲究神似和意境的抽象作品，正因为不求逼真，不做过多雕饰，才需要人们用心端量，调动联想，才能领略到根艺的自然美和创造美。

荆树根艺·情　作者：王岳杰

赵金胜和王卫华都是痴迷于根艺的大连资深艺人，亦师亦友，互相切磋技艺，各自都创作过千余件根艺作品。他们都有深厚的文化底蕴，观察敏锐，善于发现，创作时都能突破原生根材的局限，发掘出材质的内在

槐树根艺·北国少女 作者：赵金胜

槐树根艺·鲁迅 作者：王卫华

美，稍加雕琢就能形到神至，趣味盎然。如被王卫华称为师傅的赵金胜，其作品《北国少女》，巧借天然，造型简朴，气韵生动，贵在传神。王卫华的《鲁迅》立意大胆新颖，利用剪纸和剪影的表现手法，别具一格，贵在创新。

金州的刘荣茂和普兰店的单世朴分别是两地众多根艺艺人中的佼佼者。

刘荣茂自幼与根石为伴，曾向民间艺人学习过石雕和木雕，还画得一手好画，1985年转而专攻根艺。他出手不凡，锲而不舍，每个节假日都要走乡串村进行寻根之旅。妻子刘春荣与他志同道合，对根艺的执着不逊于刘荣茂。在两人工资合起来才几十块钱的日子里，他们花掉450元钱买回一块大树根，曾被人取笑。夫妻二人吸收古今雕塑造型的传统工艺，博采国内根艺家之长，融入现代人的审美元素，采用仿古法、局部巧雕和乱刀法，创作出许多立意新、构思巧、选材奇、工艺精的根艺精品。《龟》、《玉兔拜月》、《达摩》、《梳妆》等作品大都造型生动，个性鲜明，质朴中不失精巧，天趣盎然。

单世朴的祖先从山东迁移到辽南后曾中过举人，家中保存着先人用树根做的笔筒、拐杖，对根艺文化的喜爱辈辈相传。受此熏陶，单世朴在地质大队工作以后就利用野外作业的有利条件，随时随地发现和搜集根艺材料，发现中意者则如获至宝，反复玩味，以一个根艺创作者的审美眼光去感受和领

榆树根艺·达摩　作者：刘荣茂

朴树根艺·海之恋　作者：单世朴

略各种根材的天然之美，久而久之，便无师自通地对根艺艺术有了独到的见解，形成了巧借天工、以根言志抒情的创作理念。他的作品题材广泛，充满浪漫色彩，尤其以人物和动物造型最为写意动人。如《海之恋》，少女双手托起一条纱巾，深情地遥望大海，纱巾飘飘，呼吸仿佛与海浪共起伏，把人海和谐、人海相恋的主题表现得一目了然，而且耐人寻味。

根切画艺术

普兰店的李朝东原先是一个利用天然树根依势造型的根艺艺人，代表作《曹雪芹笔韵》不同凡响。有一天，他灵感偶发，感悟到依势造型只是发掘了根木的外在美，而没有展现出蕴藏在根木中的内在美。他发现，多年生树根在自然环境中经过虫蛀、水渍等形成病枝死杈，根躯也随之千变万化，经历恶劣条件下的种种磨难，反而使树根的一片片横截面产生了妙不可言的纹理和变幻莫测的形态图案，引起了视觉上的种种梦幻般的想象。他把以前废弃的树根找出来用手锯截成切片状，利用它们的天然纹理、腐迹和自然的外形轮廓，组合成我国第一幅根切片脸谱装饰画，由此成为国内根切画艺术的首创者。

李朝东创作根切画，运用了锯、磨、拼、贴、配框、上光等手段。首先选择质地白细、花纹清晰的枫树、椿树、白蜡树等树种的疤根、空心根和夹在石缝中的扁根，观察根料的外表，判断花纹、腐迹的位置和方向，找好角度，用手锯依次截成厚度约1厘米的切片，并将所有的切片高温蒸煮、晾干，以防虫卵滋生和材质裂变。然后挑选出一些同种根材的切片，再进行观察和摆布，感受不寻常的瞬间，捕捉最美妙的形象，运用这些造型因素，疏密得体、概括、夸张或变形地去表现脑海中的形象，投入全部的创作情感。在这个过程中，作品的主题逐渐形成。作品的切片定格后，用木锉、砂纸打磨得厚薄一致，背平面净，便于粘贴，又温润美观。切片保持天然本色，而衬底为了突出主题形象，增强装饰效果，则需要涂一层与内容相辅相成的颜色。然后是配框，做到画内画外融合兼容。最后是在作品表面涂上光蜡或加热的石蜡，吹干擦亮。

根切画·老龙王　作者：李朝东

根切画艺术需要更丰富的想象，更新颖的创意，要求技艺更加精巧，作品更加传神。这些，李朝东都做到了，他在不惑之年凭着自己的聪明才智，为大连根艺锦上添花，开拓出一片新天地。

天然去雕饰是根艺的最高境界，意、趣、韵、妙的感受体现出根艺的最大魅力，大连根艺艺人都谙熟个中真谛，所以努力与天同创，去造就根的神奇艺术瞬间，共同催生根的艺术生命，而欣赏者则在件件神形兼备的根艺作品面前各领其美，各有所悟。

相对于大连其他传统工艺，大连根艺形成和发展的时间不过几十年，但是从事根艺创作的人众多，喜爱根艺的人更多，遍及城乡。好的根材出自最贫瘠和最险要的山岩之中，笑迎风雨和苦难的摧残，以自身的不完美，奉献出艺术上的完美。好的根艺艺人不畏艰辛，风餐露宿，常年坚持。正是因为大连山川有了这样丰富的根材，正是因为大连城乡有了许多这样的艺人，中国传统民间艺术根艺在大连地区才经受住了时间的考验和现代文化的冲击，呈现出方兴未艾之势。

盆景篇

神韵天然景中情

100多年前，大连金州诞生了一种“缩龙成寸”的民间艺术，其作品能随着时间的推移和季节的更替呈现出不同的景色和魅力，这就是以植物、山石、水、土为材料，经过艺术处理和园艺加工，在盆中集中、典型地再现大自然优美景色，以景抒情，表现深远意境的盆景。

盆景是中国独特的传统艺术。在中国古代社会动乱、政治黑暗的时期，在士大夫中间，隐逸风气很盛，他们热衷于从自然山水中寻求人生哲理与趣味，或遨游名山大川，寄情山水，或隐迹山林，洁身避祸，在客观上为以抒发自然情趣为主题的盆景艺术的兴起创造了条件。

大连金州地区历史悠久，文化底蕴深厚，历代文人雅士闲暇之余栽培盆景陶冶情操，久而久之就孕育出颇具地方风格的金州盆景，闻名于辽南地区，董万周、邹明熙、刘占鳌、邓绍田等人是近100年来的代表人物。解放后，盆景艺术在大连民间流传，逐渐走进寻常百姓家，城乡出现了一些盆景爱好者。改革开放以后，盆景艺术枯木逢春，发展迅速，1984年第一届金州盆景展览，就有200多盆盆景参展，名噪一时，产生影响。20世纪90年代，甘井子公园盆景园成为东北地区规模最大、品种最全、档次最高的盆景园，内有各大流派风格的盆景3000多盆。

大连盆景的发展简单而又自然，主要品种树桩盆景的制作方法是先培养盆栽树木，再遵循树木自身的生长规律造型，对盆栽植物进行修剪加工，花盆内也开始加以点缀。其间，大连盆景艺人受岭南派盆景的影响较大，又结合大连本地树种和沙石材料，以及自然气候条件，经过数十年的实践形成了大连现在的盆景艺术。

岭南盆景主要采用蓄枝截干的造型方法，体现苍劲自然、飘逸豪放的独特风格，这与大连人的审美情趣十分吻合，因此在众多江南盆景流派中，大连盆景艺人以此为师者多。

所谓蓄枝截干，就是在盆景树木的枝干长到所需要的粗度时，进行剪截，同时选留角度和位置适合的枝干或枝芽。待这些枝干或枝芽蓄养到一定程度，再加以剪截，同时留下侧枝。年复一年，每一节都如此施行，使其逐步形成树冠。经过多年修剪以后，树木枝干比例匀称，曲折苍劲，俨如屈铁，最后形成不等边三角形或鹿角形植株。这种盆景的欣赏最佳期不仅有枝叶茂密时，还有叶片稀疏时，叶片稀疏时更能显示其天然的苍劲美。

大连盆景艺人并不是一味地效仿岭南盆景。他们在制作时，以自然造型为主，人工修剪为辅，崇尚自然风韵，追求古朴大方和刚劲雄浑，充分利用本地树种抗性强、易成活、生长慢、易修剪的特点和管理方便、利于普及的优点，使大连盆景在国内盆景界独树一帜。

大连盆景的品种依据创作材料、表现对象及造型的不同，基本上可以划分为两大类，即树桩盆景和山水盆景。

树桩盆景

树桩盆景又称树木盆景，是以木本植物为主要材料，通过攀扎、修剪、嫁接等技术加工和园艺栽培，在盆中形成自然树木缩影的一种陈设观赏品，是大连盆景艺人主要创作的盆景品种。

大连树桩盆景以本地树种为主，常见的有松树、柏树、榆树、紫杉、小叶丁香、枫树、桑树、银杏树、朴树、山楂树、山里红、小桃红、毛樱桃、石榴树、梅树、紫藤、海棠树等几十种。制作树桩盆景，有的自栽小树培育，定期剪枝造型，一株完美的盆景需要几年甚至几十年的精心呵护；有的直接采集一些很有特点的树蔸，略加修剪，培育成形；有的引进南方树桩，进行艺术加工。手法都是以修剪为主，绑扎为辅，绑扎的作用主要是定干。主干位置定好后，辅以小枝修剪成片，使之层次分明、高低错落、虚实相间，最大限度地表现出其自然美。

树桩盆景可利用的树种很多，取景内容也千变万化，各异其趣。有的树形挺拔，枝干苍劲；有的悬根露爪，老干虬枝；有的叶形奇特，叶姿秀美；有的繁花似锦，硕果累累。树木是有生命的植物体，不断地生长变化，一时一景，耐人寻味。

在甘井子公园从事园艺工作的衣宝泰几十年来培育了许多树桩盆景，它们千姿百态，自成风格，巧夺天工，情趣盎然。甘井子公园盆景园中的3000多件盆景精品都是他亲手培育的，代表了大连盆景创作的最高水平，并且填补了国内许多盆景艺术的空白。

早在1985年，他就利用山楂树、银杏树、榆树等北方乔木的老桩，通过对水、肥的调节，人为控制，使原本可以长几米、几十米高的乔木改变了原有的生长规律，变得只有40厘米到60厘米高矮，微缩在陶盆中。盆景的底部看似枯竭，但是主干突兀，自上而下的过渡自然得体，根盘苍劲，叶小美观，而且耐寒易活，适应大连气候，解决了北方高大乔木不易培育成盆景的难题，是中国北方盆景技术的重大突破。

多头铁树盆景·蓬勃　作者：衣宝泰

又如多头铁树盆景的制作。铁树是名贵的大型盆栽观赏植物，通常都是单株，只有经过雷击、电闪等大自然暴力破坏，才能出现不规则的多头，而且大都出现在南方地区。衣宝泰从1993年开始探索其中的奥秘，人为地破坏单株铁树的生物性生长点，再精心润泽，促使各破坏点萌发新的芽蕾，由单株变成玲珑剔透、铁干丛生的3头、4头，展现出铁树的另外一种姿态和风情，填补了我国人工制作多头铁树盆景的园艺空白。更令人称奇的是，他培育的1株雄性铁树和5株雌性铁树4年内竟然两次在同一时间开花，实属难得一见的景观。

米针柏盆景·春常在　作者：衣宝泰

春榆盆景·迎春　作者：赵德勋

衣宝泰制作盆景能充分利用不同树种树桩的优势去立意和选题，最大限度地顺应和表现树桩的自然美，用材广泛，题材丰富，不拘一格，盆景作品或潇洒飘逸，或古朴典雅，或雄浑大气，造型多种多样，手法贯通南北，各显其妙，往往把树桩盆景之美挖掘、发挥到最大限度。

金州城内的赵德勋是一位资深的根艺、奇石、盆景艺人，造诣深厚，也是金州盆景的传承人。他的盆景汲取了南方各门派盆景的优点，又保留了金州盆景的原有特色，种类多，制作精，硕大盆景和微小盆景各得其妙，树桩盆景老而弥健，气韵生动，山水盆景清秀挺拔，玲珑剔透，俱古雅质朴，妙趣横生。他自家盆景园中的200余件盆景大多是这样的精品。

赵德勋制作盆景，材质都取自当地树种，有很强的生命力，可以任意修剪和绑扎。他崇尚自然，在保持自然形态的前提下攀扎部分枝条，或弯曲、修剪，使其枝叶分布均匀，高低有致。修剪也保持自然美观，只剪除或摘除部分冒尖的嫩梢。这样做盆景，其实更需要高超的创意和技艺，才能出艺术效果。经过多年实践，赵德勋已经改进了传统的金州盆景的造型方法，并且讲究景、盆和几架的多样化和统一性，做到了景、境和谐得体，看上去令人心旷神怡。

金州石河街道的王金河现在是痴迷于盆景又专职从事盆景创作的民间艺人，他制作盆景遵循“五年坯子十年景，不够十年不叫景”的原则，花费苦心，追求内涵丰富，形象完美，在营造自然情趣的同时突出文化主题。他把自己的盆景看作无声的诗、立体的画，向中国书法和国画学习构图技法和意境，长年积累，具备了一定的文化底蕴和美学修养，所以其作品有的如书法般飘逸悠闲，有的像国画一样含蓄典雅，好像都有中国传统文化的灵性在闪动。他又把盆景当成自己的孩子，没有一天不想不看，把盆景创作看成一个人从少年走向中年的过程，在日日观察呵护中，建立感情，有所领悟，适时剪截绑扎，使之日趋成熟。这样的盆景，他已经做出了数千盆，精品也有300盆以上。

枫树盆景·红叶迎秋　作者：王金河

朴树盆景·盛世祥瑞　作者：王金河

例如《盛世祥瑞》盆景，他以石为盆，把一块有着50年树龄的朴树木桩精心培育成一个抽象的麒麟模样，其丰满的体态、疏朗的枝叶和树桩上的疤节，简洁明了，恰到好处地表现出麒麟的憨厚可爱，让人浮想联翩，有一种麒麟现身于盛世的祥瑞之感。又如《百年同心》，树桩与山石浑然一体，心形树桩依偎在质地坚硬、富含纹理的山石怀中，枝与叶相配协调，整体自然和谐，透着缠绵情意，似乎在用山盟表达着作者百年同心的主观愿望。

山水盆景

山水盆景又称山石盆景，以自然山石为主要原料，经过精选、切截、雕凿、拼接等艺术加工，布置于浅口盆中，表现自然界的山水景象。山水盆景大多在盆中贮水，也可种上株矮叶细的木本或草本植物，缀以苔藓，还可以根据表现主题和题材的需要，安置亭台楼阁和舟楫、人物或仙山名岭等盆景配件，有的还在盆中畜养鱼虫，或根据石材随意创作。

山水盆景适宜表现雄伟或秀丽的河山，山石与水景的配合形成鲜明的对比，一动一静，一刚一柔，相映成趣。

大连的山水盆景就地取材，自然石材分硬石类和松石类。大连的响水石（吸水石）、砂积石（吸水石）、龟纹石、假太湖石、页岩石、火石、假木化石、花岗石、卵石、海滩石、泥浆石等都可以成为山水盆景的原料。硬石类石材质地坚硬，多具天然的山形和皴纹，制作时一般以切割、拼接为主，尽量避免人工雕凿，保留其自然美态。松石类石材质地疏松，可利用的自然形态较少，制作时以雕凿为主，但也力求不显人工痕迹。制作山水盆景要注重选材，好的石材风化自然，脉络纹理清晰，千姿百态，本身就是奇特自然的缩影，包含着自然美的神韵。

砂积石山水盆景·走向彼岸　作者：赵德勋

山水盆景·相望　作者：衣宝泰

制作山水盆景的名人大多集

中在金州，邹明颐、董孝大、崔茂林、赵德勋等人都是此中高手，如赵德勋的山水盆景就堪称上佳之作。

根艺是天人共创的艺术，三分人工，七分天成，盆景也可以说是天人共创的艺术，而且盆景每天都在生长变化，时时体现着生命的力量，每个时期都能给观赏者带来新意和惊喜，是立体的画和无声的诗，却有着诗画不具备的天然神韵和生命特征。大连盆景讲究主次分明，虚实相生，巧拙互用，平中有奇。大连盆景艺人把意境看作盆景的灵魂，按意选材，善于把自然美升华为艺术美，使盆景作品源于自然，高于自然，他们依靠本地树种和石料，适应大连气候条件，经过百年摸索，形成了自己的风格。随着大连城乡居民生活水平和文化艺术修养的提高，盆景已经开始从高档宾馆、会馆和少数盆景艺人那里走进百姓之家。人们在用盆景美化环境的同时，颐养性情，自得其乐，盆景终将会成为大连比较普及、雅俗共赏的民间艺术。

银杏朴树盆景·故居　作者：王金河

民间音乐·曲艺·舞蹈篇

喜怒哀乐传心声

古往今来，能够最直接、最鲜明和最强烈地表达出大连人喜怒哀乐的民间艺术形式，非大连民间音乐、民间曲艺和民间舞蹈莫属。它们伴随大连人的劳动生活、社会生活和感情生活而萌发，是大连人的心声，曾经长期在广大普通民众中盛传，是大连音乐、曲艺、舞蹈中最基本、最丰富的部分，是大连百姓共同创作、共同享有、共同演绎，并通过口传心授的方式共同传承的非专业性的民间艺术。

它们大多依附于大连的民俗活动，是其中不可缺少的一部分。大连民俗文化丰富多彩，大连民间音乐、民间曲艺和民间舞蹈便绚丽多姿。它们按照大连人的审美观在流传中完善升华，凝聚成为有高度艺术感染力的音乐、曲艺、舞蹈形象，最贴近普通民众，使百姓有了抒情的载体，有了欢乐和寄托，也使大连的文艺工作者有了汲取营养、进行创作的源泉。特别是已经成为非物质文化遗产的这些民间音乐、民间曲艺和民间舞蹈，虽然有的现在已不再辉煌，但是它们的产生、发展和演变过程仍然是大连人文化生活和大连文化现象的历史见证。

民间音乐

目前作为大连市非物质文化遗产被保护起来的民间音乐有10多种，涵盖号子、民歌、双管乐、鼓乐、琴乐、吹咔乐等多个方面。

号子 长海号子是从千百年的海岛历史中吼出来的，早已流淌在长海人的血液中。它吼出渔家人远离故土以海为生的孤寂，也道出世代渔民的艰辛困苦。海上劳动与大风大浪搏斗，如果不齐心协力，不但打不上鱼来，甚至性命也难保。号子把渔民拧成一股绳，融进协作和勇气，激励渔民迎击风浪，这是号子的实用功能。同时，它的表现功能也有利于抒发劳动者的感情，给人以精神上的愉悦。

据说，长海号子大约形成于东汉末年，雏形是人们在劳动中嘴里下意识齐声发出的一种呼号声，开始只有简单的音节，久而久之，演变成整齐划一的劳动号令，形成一个号子头起头领喊（唱），众人和声的民间音乐形式。号子头喊（唱）号子时，会随时随地触景生情，添加一些通俗易懂、朗朗上口的词句来鼓舞大家。海上劳动，与风浪搏斗，要求劳动者从身体到精神都能做出迅速、果断的反应，所以长海号子曲调铿锵粗犷、高亢有力，音节简短，词句通俗，多为两三个字，反复咏唱，随着喊（唱）号子人的心态变化而变化，即便是声声苍凉，也透露出渔民的乐观主义精神。

长海号子　大连市群众艺术馆资料

长海号子分船民号子和渔民号子，分别用于船民和渔民的生产活动。通过节奏变化和音律长短，能体会到千百年来海洋生活的原汁原味。长海号子几乎涉及海上生活的每一个细节，撑篷、拔锚、摇橹、拉纤、出舱、推船、拉网、拔鱼包等都有相应的号子。南有川江号子，北有长海号子，长海号子的大气、豪放和自然朴实是大连海岛精神的写照。

长海号子是长海有代表性的地方民间音乐。现在，口头流传的长海号子已经被收入《中国民间歌曲集成·辽宁卷》中长久地保存下来。

号子是中国最早产生的民歌音调，长海号子在长海人的生产中发挥过重要作用。尽管笨重的体力劳动在长海日渐减少，长海号子的适用范围也日益缩小，但是作为大连民间音乐中的一个重要品种，它的生命力必将延续下去。

民歌 民歌是人们在社会实践中为表情达意而口头创作的一种歌曲形式，通过口传心授，加工提炼，世代相传。中国在有文字和乐谱之前，古人就创造了民歌。《诗经·国风》就收录了周初至春秋中叶15个地区的民歌。

大连新金民歌渊深源长，清初至雍正年间，辽南人口渐密，文化娱乐随之兴盛，新金民歌应时而生。经过对民间小调、皮影音乐、民间鼓乐和二人转音乐的深化加工，由人们在生产和休闲中随口哼唱，最终形成了许多风格固定并能广泛传唱的曲目。

新金民歌的内容包罗万象，劳动、爱情、风光、家庭、感恩、处事、倾诉悲苦、劝人向善……凡是生活中的所见所闻和所思所想皆可入歌。其种类丰富，有小调秧歌类、单鼓音乐类、皮影音乐类和劳动号子类，具有浓郁的乡土风味和山东民歌中的那种诙谐幽默。新金民歌有别于其他东北民歌，多用衬腔、衬词和甩腔，这是节奏的调整，更主要是情绪的表达。演唱中用真嗓，吐字清晰，高亢明快，多为独唱，也有二人对唱和一人领唱众人和，有些民歌说唱结合，对唱互动，有的使用乐器伴奏，有的不使用乐器伴奏。演

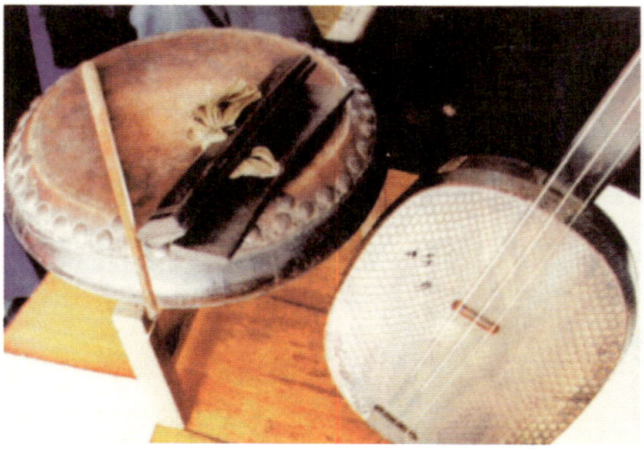

大连新金民歌伴奏乐器 大连市群众艺术馆资料

大连新金民歌艺人在演唱 大连市群众艺术馆资料

唱新金民歌技巧较高的是辽南各地的皮影班子、鼓乐班子中能编能唱的民间艺人，在他们的影响下，百姓争相学唱，构成了传唱新金民歌的基本队伍。

新金民歌记载了辽南地区的人文历史，使许多人通过民歌获得了文化知识，受到真善美的熏陶，哺育出许多音乐家和经典作品。当地文化部门对新金民歌的保护将会使它重放异彩。

双管乐　复州双管乐和庄河双管乐是以管这种乐器为主吹奏的民间音乐。管由哨子和木质管身组成，管上有八个孔，前七后一。其演奏技巧丰富，特别是滑音极富有感情色彩，能模仿人声、箫声和动物的鸣叫声，是表现力极强的独奏乐器。双管乐是由两支管子并扎而成双管吹奏出来的音乐。

复州双管乐是由山东传入复州的，至今已有200多年历史，起初是道教和佛教活动中的主要伴奏乐器，后来主要是为民间婚丧嫁娶吹奏，尤其是为办白事吹奏，解放后一度成为当地民间节庆和各类活动重要艺术形式之一。

复州双管乐刚柔相济，根据情节需要，音色可以粗犷、豪迈、高亢，又可以深沉、委婉、柔美，可以淋漓尽致地表达出喜怒哀乐的情感。它吸收了管乐中的一些演奏方法，能吹出强烈的强弱变化，独特的音色和表现力是其他乐器所不具备的。

庄河双管乐的吹奏技法是在19世纪末由山东迁来的老乐师传入的，因其丰富的表现力在群众中广泛流传，逢乡必有。与复州一样，庄河也是东北双管艺人集中地，也是我国民间双管吹奏艺术较为繁盛的地方。

庄河双管乐有吞、吐、啃、咬四种吹奏方法。在演出风格上分东、西两派：东派以深沉、细腻、清丽、委婉见长，曲调圆润温婉，给人以轻柔温雅之感；西派风格古朴、粗犷、雄厚、豪放，音色饱满、坚实、浑厚有力。庄河双管乐和复州双管乐一样刚柔相济。

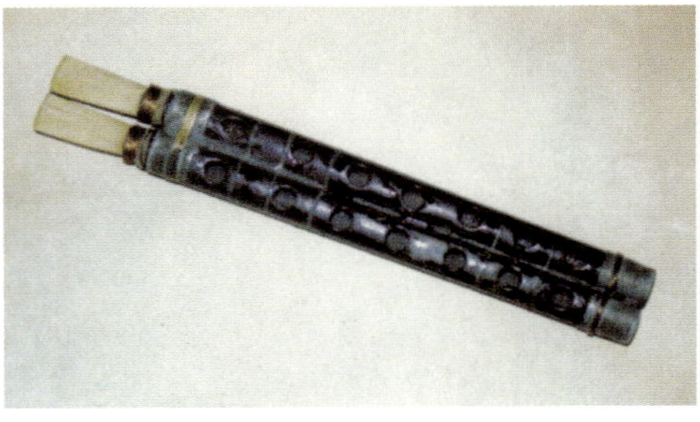
双管　大连市群众艺术馆资料

复州和庄河都曾经有过许多双管乐艺人，大多是吹、咔、弹、拉、打样样精通的多面手。他们不断吸收其他乐器的表现手法，在双管表演中大量运用颤音、倚音、滑音、揉音等加花演奏，也不断吸收道教、佛教音乐来丰富双管曲目，逐渐积累了大量质朴、典雅的双管名曲，如《小朝天》、《得胜令》、《集贤宾》等。

复州双管乐和庄河双管乐与大连民间习俗密不可分，婚庆典礼上，它能增加喜庆气氛，丧葬白事中，它能寄托对死者的哀思，特别是在各种民间活动中，艺人们相互表演绝活儿，“对棚”比艺，为人们奉献了精彩的表演，激发了人们的思想感情，为生活增添了不少风采，曾经是大连人精神生活中不可缺少的抒情和娱乐形式。

庄河双管乐演奏现场　大连市群众艺术馆资料

复州鼓乐演奏现场　大连市群众艺术馆资料

普兰店鼓乐演奏现场　大连市群众艺术馆资料

鼓乐　鼓乐在民间也称为鼓吹、鼓打、吹打乐，是一种深受大连人喜爱的、以民族乐器和打击乐器为主的传统器乐演奏形式。普兰店鼓乐和复州鼓乐分布于两地所属乡镇，影响波及整个辽南地区。从现存明清庙宇碑上的“奏乐酬神”字样推断，两地鼓乐可能有四五百年历史。

两地鼓乐主要乐件有唢呐、管子、笙、笛子、三弦、堂鼓、大锣、铙钹、手锣、小钹、梆子等，唢呐又有大、中、小之分，根据曲子的需要使用不同尺寸的唢呐，用或低沉或欢快的声音表现悲喜心情。

普兰店鼓乐有唢呐乐和笙管乐两类，以唢呐乐为主，有大喇叭乐、小喳子乐、“三不搁”、咔戏等多种。演奏时音调平稳、节拍准确、快而不躁、慢而不散，有独奏、对奏、齐奏。齐奏时除唢呐以外，双管、笙、打击乐器等伴奏乐器一起加入，声音洪亮，气势磅礴。复州鼓乐也有唢呐乐和笙管乐两类，唢呐乐以粗犷、豪放、浑厚见长，适宜表现悲痛哀伤；笙管乐以管子为主，细腻、缠绵、浪漫、悦耳，适宜表现快乐和喜悦。

普兰店鼓乐和复州鼓乐主要在百姓的白事和红事中演出，在庙会酬神和庆丰收酬谢天地的祭祀活动中演出，在庆贺活动中演出。演奏的曲子非常丰富，20世纪80年代对民间音乐挖掘整理时，复州鼓乐曲有5种类型600余首，而普兰店的刘家鼓乐则保存着祖传古曲谱100余首。两地鼓乐班绝大多数由父子、兄弟和亲邻组成，形成家族式的班底，也通过在家族中口传心授传承。普兰店刘家鼓乐300年来已传承六代，复州鼓乐目前比较活跃的有五六个家族鼓乐班子。

鼓乐有鲜明的音乐特色、独特的演出技巧和博杂的乐器组合。“唢呐一响，浑身就痒”，可见人们对它的喜爱程度之深。现在，在大连的许多群众文化生活中，鼓乐仍然发挥着不可替代的作用。

普兰店鼓乐演奏　大连市群众艺术馆资料

琴乐　金州古琴音乐有约140年历史。清末，金州古琴家、响水观住持杜教仁有《琴音剑气谱》传世。实际上，在金州曾发现唐朝古琴，说明金州自古就有这种乐器。民国期间，金州文人雅集，琴棋书画各显其能，家中也多藏有古琴，品茗挥毫，抚琴助兴。

古琴，音色优美、深邃，泛音飘逸、空灵，仿佛天籁，为天声；散音深远、雄厚，有如钟磬之声，为地声；按音细腻、柔润，略带忧伤，极似人的吟唱，为人声。天声、地声、人声三者互相补充和辉映，架构了古琴丰富的音乐艺术表现平台。而金州古琴最为突出的特色则是更加古朴醇厚、潇洒雄奇，音色高亢明亮，阳刚之气更重。

金州古琴对弹奏环境、操琴者的情绪和弹琴姿势都有一定的要求。弹奏时双手配合，左右分工，有8种最基本的指法，主要是绰、注、吟、猱，按弦时要求平正坚实，取音精准，灵活圆润，追求气韵生动的意境。

金州古琴的制作十分繁复精致，200多道工序全部手工完成，每一张古琴的音色都各不相同，蕴含着无穷的魅力。

目前金州可以演奏的古琴曲目有96首之多，包括与山东及辽南道教经韵相似的曲目，以及其他流派曲目和整理后的明清琴曲，还有新创曲目和移植琴曲。金州古琴易学难精，虽然它音量较小，无法和民族乐队合奏，限制了它的发展，但是有较高文化修养和音乐造诣的人历来对它都怀有割舍不断的感情。对金州古琴这门高雅艺术，大连人中一定还会有不少的追求者。

吹咔乐　大连吹咔乐主要流传于瓦房店及周边地区，与民间鼓乐同生同长，有吹咔乐的鼓乐班子格外受百姓欢迎。

吹咔乐也叫咔戏。咔，就是演奏者用喉嗓唱歌，通过气息和音频来振动

金州古琴艺人在演奏　大连市群众艺术馆资料

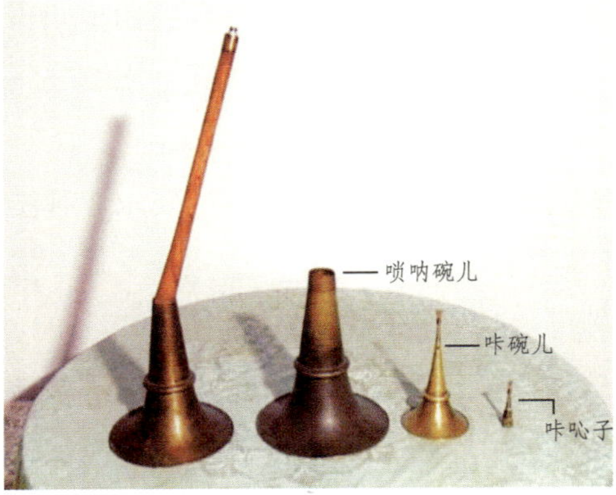

咔器　大连市群众艺术馆资料

哨片，再由咔碗儿把声音传播出去的一种独特的演奏方法。演奏者在吹咔时，嘴里含着咔吣子。咔吣子是根据演奏者口腔的大小因人而异制成的。吹奏时用舌头将咔吣子顶在上腭上，气流振动咔吣子时便会发出声响，音质轻快响亮，余音绕梁。吹咔乐的关键在于气息的调整与运用，不能过弱和过强。为了使咔出的声音更接近戏文的唱腔效果，更具唱和说的意味，以及模仿禽啼鸟鸣和人物哭笑哀怒，演奏者往往选用唢呐哨子连接一截牛角或铜管，以手做鸣箱来进行演奏，以改变音频与音色，并且通过变换不同的乐件及演奏方法来表现不同人物的唱腔，或浑厚有力，或柔和舒缓。串三件是大连吹咔乐独有的绝活儿，就是用三件乐件穿插演奏，在有限的节拍里，不断快速敏捷、灵活而随意地更换乐件，音色也随之不停地变换，有时一个音符换一件乐件，有时一个乐句换一件乐件，令人眼花缭乱，产生极好的视听效果。

咔戏为一人演奏，多人伴奏，不受场地限制，任何曲目都可以“咔”。有鼓乐演奏即可“咔”一段，可以调节气氛，舒缓情绪，是鼓乐演奏中的亮点，其灵活的技巧与善变的音色，令观众活跃而兴奋。

吹咔乐艺人在演奏　大连市群众艺术馆资料

大连吹咔乐是植根于民间的音乐演奏形式，在大连鼓乐艺术中独树一帜，几百年来深受人们喜爱，对民间鼓乐和皮影音乐等戏曲音乐也有很大影响。在皮影艺术兴盛时期，以吹咔乐伴奏的皮影戏居多，一些名段至今仍在民间传唱。咔戏演奏技术难度大，学习周期长，不易掌握，它的传承与发展面临着严峻的考验。

民间曲艺

民间曲艺具备口语说唱故事的本质特征，是大连人最容易接受的艺术，曾在大连人的文化生活中占有重要地位，主要以东北大鼓和辽南二人转的艺术形式介入百姓生活。

东北大鼓 大连地区很早以前就有东北大鼓了。据老艺人回忆，在东北大鼓的主要流传地复州，东北大鼓是在清朝初年清军八旗和蒙军一旗来复州驻军屯田后传入的；另一主要流传地庄河的县志记载，20世纪初庄河地区始有大鼓。复州东北大鼓和庄河东北大鼓都是在东北大鼓的基础上发展而成的。东北大鼓有五大流派，复州东北大鼓和庄河东北大鼓属于南城派，唱腔高亢雄壮，浑厚爽朗，适于演唱金戈铁马、慷慨悲凉的曲目。

大连艺人最初演唱东北大鼓时，演员自操一种小型三弦，用一只脚踏节拍，边弹弦边踏节子板边唱，因此也称弦子书，使用13道大辙，都是一辙到底，无白话，唱段长短不一。后来由一个人发展到两个人或三个人，一个唱书，一个弹三弦伴奏，有时还有一个人抱坠琴或二胡、琵琶等乐器加入。演唱者一般是左手拿板，右手持鼓签站着说唱，弹三弦的在左边坐着伴奏。艺人在登台演出时讲究手、眼、身、步等形态动作，唱法既细腻、优美、震

复州东北大鼓　大连市群众艺术馆资料

庄河东北大鼓　大连市群众艺术馆资料

颤、含蓄，又奔放、热情、圆润、抒情；道白也十分讲究，“千斤白话三两唱”，咬字准，吐词清，口若悬河，运用“扣子”和“包袱”，使情节曲折跌宕，引人入胜；其唱词属于说唱式的，以叙述为主，不管句子长短，都合辙押韵，吸收了京剧、评戏、京韵大鼓和东北民歌等声腔，唱腔十分丰富。

复州东北大鼓和庄河东北大鼓说唱都是由一个人来表演，表现千军万马场面，塑造众多人物形象，二者只是唱腔和道白上大同小异各有特点，但是都风趣幽默、通俗易懂、哲理深刻、教人向善，具有很强的社会认同性。主要有《大隋唐》、《杨家将》、《明英烈》、《包公案》、《薛刚反唐》等历史题材的作品，很多没进过学堂的大连农民，其文化知识是通过听东北大鼓书得到的，其价值观念是通过听东北大鼓书形成的。

辽南二人转 辽南二人转史称蹦蹦戏、地蹦子、双玩意儿等，大约在清朝同治年间出现和流传于瓦房店地区，是一种表现形式独特的民间综合艺术，是由一旦一丑在说、唱、舞、耍的动态下进行的。旦角亦称上妆，由女的扮演，穿红挂绿，形象俊美；丑角亦称下妆，由男人扮演，一般情况下扮相丑陋。两者搭配为一副架。演员必须具备说、唱、扮、舞和绝活儿五大基本功，表演时口齿伶俐，吐字清楚，抑扬顿挫，嗓音清脆、洪亮、圆润，精通多种曲牌曲调。旦角俏丽端庄，丑角幽默滑稽，均舞姿优美，动作舒展，还要有一两手绝活儿。表演内容丰富多彩，灵活多样，说、唱、舞、耍，动静结合，即兴发挥，插科打诨，与观众对话交流，场面轻松活泼。除一旦一丑表演以外，还有一个人表演的单出头、几个人表演的拉场戏等形式。演出道具简单，主要道具手绢在使用上讲究转法，转手绢时讲究步法，唱词、唱腔丰富，剧目很多，有历史剧目，也有现代剧目。

辽南二人转　瓦房店市文化馆资料

旧时，官府不许二人转艺人进

城，他们只能走乡串沟，现在二人转却作为东北地区最有代表性的民间艺术登上各种舞台。辽南二人转运用的语言、反映的故事、塑造的人物、表演的动作都具有浓郁的辽南地方特色，能满足群众的多方面审美需求，因此得到人们的普遍欢迎和喜爱。

辽剧　大连瓦房店市有一种由传统皮影戏发展而来的新型地方民间剧种，原来叫辽南影调戏、辽南戏。1999年，辽宁省文化厅确定瓦房店市艺术团（现称瓦房店市辽剧团）为全省发展辽南戏的重点剧团。2002年，辽南戏正式更名为辽剧。

作为辽剧的发源地之一，瓦房店市泡崖乡“韩家八人班”，曾用皮影戏唱腔演唱舞台人物古装戏。当时在瓦房店市农村还有关希仁等民间鼓乐班，用皮影戏曲调唱“坐腔戏”（坐唱人物戏，不化装，不走场）。1948年，瓦房店的小学老师姜兆森、吴德伦等人，用传统皮影戏唱腔，模仿影窗上皮影影人动作，创作和演出以揭露讽刺蒋介石发动内战为题材的小戏剧，为后来瓦房店市辽南影调戏向辽南戏、辽剧的发展奠定了一定基础。

解放后，瓦房店的城乡文化部门先后创作和表演了许多影调戏，逐渐达

大型辽剧·月在别时圆　表演者：瓦房店市辽剧团　瓦房店市文化馆资料

到了较高的艺术水平，特别是瓦房店市辽剧团成立以后，辽剧艺术有了新的飞跃。剧团创作和演出的大型现代辽剧《姜云胜》曾进京献演，获得好评；《潮满月圆》、《月在别时圆》和辽剧小戏《谢大妈送礼》等几十个剧目屡获大奖，享誉中国戏曲界，深受广大群众喜爱。

大连民间曲艺历史悠久，底蕴深厚，随着城市的发展，大连民间曲艺逐渐进入大连市区，与外来曲艺相结合。自20世纪20年代开始，艺人演出和民间自娱性的戏曲活动就在西岗蔚然成风，主要集中在大龙街一带的露天市场（又称博爱市场），成为人们眼中的“曲艺窝”和“东北曲艺码头”。西岗曲艺继承传统，革新发展。1994年，西岗区被中国曲艺家协会命名为全国第一个中国曲艺之乡，再现了往日的辉煌。

民间舞蹈

大连民间舞蹈产生于大连人的劳动生活中，具有鲜明的民族风格和地方特色，形式多样而内容丰富。长期以来，每逢民俗节日和喜庆活动，人们便走出家门自发或有组织地在寺庙、集市、乡镇和街道表演，手舞足蹈，载歌而行，尽情表达着心中的快乐，为百姓的平凡生活带来热烈气氛。经过数百年演变，大连大部分民间舞蹈的表现形式基本上流传下来，有的还作为大连市非物质文化遗产被保护起来。

庄河单鼓舞　李本生供稿

单鼓舞　单鼓舞又称为烧香鼓、太平鼓、阴阳会和唱家戏，是汉族宗教祭祀舞，由宗教信仰而产生，源于唐，兴于清及民国时期，后来吸收了萨满跳神中的腰铃表演

1988年金州单鼓舞在北京人民大会堂演出　李本生供稿

艺术，充实了内容，形成一种亦歌亦舞、娱乐祭祀的舞蹈形式，多在还愿和庆丰收时表演。清末烧香鼓主要盛行于金州和普兰店等辽南地区，1930年前后，仅在金州就有单鼓舞艺人36帮400人之多。

据传，金州单鼓舞是从唐朝传下来的。当时，南方巫师母子三人给驻军金州的唐王治病，从黄海拾来鳖盖三枚为鼓，跳巫术舞，一直延续下来。鳖盖有限难寻，艺人便用粗铁丝圈成鳖盖形圆圈，蒙以羊皮，遂成羊皮鼓，手把处有串环，规格有大小两种，大鼓音低，小鼓音高。表演时左手执鼓，右手执藤鞭击鼓，敲出轻重缓急不同的节奏，晃摇串环，边舞边唱。一组单鼓舞的艺人，有文武之分，文者以执鼓演唱为主，武者操各种舞蹈动作，辅以杂技和武术表演。

单鼓舞以羊皮鼓为主要伴奏乐器，将音乐、舞蹈、唱词、杂耍等民间艺术熔于一炉，一般包括迎神舞、娱神舞、送神舞三个主要部分，分舞蹈表演和边歌边表演两种形式。其音乐具有说唱风格，吸收了辽南地方民间音乐、民歌、二人转和大鼓的技巧，甩腔自由流畅，高、低、长、短、切、连，运用自如，念中有唱，唱中有说。掌坛人领唱上句，帮君接唱下句，以单乐段为主，还有一人唱多人和、上句唱下句拖腔，以及对唱、合唱等形式。唱腔十分丰富，有滑音调、悲调、送神调等20多种，唱词有《开坛》、《请土地》、《接天神》等12鼓，音乐鼓点儿有单棒鼓、二棒鼓至十二棒鼓。

新金花鼓　李本生供稿

单鼓舞是一种严格程式化的宗教舞，祭祀时必须烧香12鼓，而且每鼓都有规定内容，内容不同，其形式也有严格讲究，多为劝人向善、孝敬父母、祛病消灾、升官发财的太平香、喜香、还愿香、保佑香、开光鼓、仙人鼓、阴阳会等。表演时需要有单鼓、腰铃、霸王鞭、两节棍等特殊道具，艺人以室内中堂或庭院为舞台，伴随着单鼓音乐边舞边唱边说，视听皆美，场面有些神秘。

花鼓舞　花鼓舞又叫腰鼓舞，其节奏明快，表演洒脱。腰鼓队少则几十人，多则上百人，多由女性组成。舞时以鼓系腰间，双手执槌，交替击鼓，伴以舞蹈动作，声音铿锵激昂，有时惊天动地，舞姿多变，激动人心。新金花鼓舞曾经在1960年赴京会演，在百余支职工和农民会演队伍中脱颖而出，受到国家领导人的称赞。

据当时参加会演的主要演员张兴身、李士元老人回忆，1958年有一位老汉带着女儿从山东坐船来到新金皮口，沿街打花鼓卖艺为生，新金县艺校把他请进学校，教包括张兴身、李士元在内的60多名新学员打花鼓，老汉把从山东带来的陕北腰鼓的打法与当地流传的新金太平鼓的打法融合起来，形成了新派新金花鼓。新派新金花鼓有陕北腰鼓刚劲轻捷的步伐和灵活的扭姿，翻转的鼓槌带动飞舞的绸带似龙飞凤舞，同时又有传统新金太平鼓的扭姿舞态和风韵气质，曾经名扬全国。

秧歌　秧歌是汉族具有代表性的一种民间舞蹈形式，起源于农业劳动，将劳动姿态舞蹈化。舞者扮成各种人物，手持扇子、手帕、彩绸等道具而舞，开始和结束为变换队形的大型集体舞，中间穿插由两三个人表演的带

旧时高跷表演队　大连市群众艺术馆资料

复州高跷秧歌　大连市群众艺术馆资料

旧时高跷队表演　大连市群众艺术馆资料

旅顺花板舞　旅顺口区文化馆资料

有简单情节的舞蹈或歌舞小戏。清咸丰年间，大连就有“跑地会”，又称“过街秧歌”。逢年过节，秧歌队走街串巷，民乐伴奏，载歌载舞，主唱者见景生情，即兴演唱，集歌、舞、戏曲于一体，充分展现出大连人粗犷、豪爽、幽默、开朗的性格，场面欢快而热烈。

大连解放初期，老解放区的陕北大秧歌传入大连，与本地的秧歌相结合，形成了具有大连地方特色的秧歌舞。近年来，秧歌舞又与现代人的健身活动相适应，吸引了众多群众参与扭秧歌活动。

大连秧歌有许多个舞种，高跷、旱船、跑驴、花板舞、鞭扇舞、棒棒舞、“灯官”、“老母会”、“四大海”等许多流传于大连各地的民间舞蹈，都可以统称为秧歌舞。

高跷历史悠久，庄河明清时期就有扮成八仙形象的八人高跷队，表演者手持八仙道具，脚踏木跷，随着锣鼓唢呐节奏边歌边舞，奔放有趣。清末又增加“憨柱子”、“丑婆”等角色，并能在跷上演《唐僧取经》、《断桥》等折子戏，木跷也由尺余增高到二尺多。大连高跷有南派、北派之说。复州高跷为南派高跷，据说是清光绪年间由河北沧州来复州定居者传入，也有记载说是清朝初年由驻扎在复州城的绿营兵带来。来自海城的高跷为北派高跷。李官、许屯等乡镇也是著名的高跷之乡。南派高跷稳、浪、俏，有舞有唱，能文能武，以唱为主。金州流行的南派高跷，跷高一尺七八，根据所扮角色而定，有翻越动作，还会头戴兽形面具，身罩相应服饰，操纵野兽模型，模拟表现动物习性和嬉戏场面。北派高跷以舞为主，舞而不唱。两派高跷各领风骚，都有绝活儿，都是扮相丰富，舞蹈优美，且行且舞，在行进中穿插队形变化，场面火爆，武丑还要表演“鹞子翻身”等绝技，极受百姓喜爱。每年正月，乡下兴高跷队挨家拜年之风，所到之家，须事先准备好鞭炮和香烟茶水，甚至还有红包，招待不周，高跷队里的猪八戒之类就假装揭房瓦、搂茅草，让主人哭笑不得，旁观者看尽热闹。

旱船和跑驴是大连秧歌队伍中常见的表演形式。旱船里的表演者男扮女装，双手扶彩船道具，前摇后摆，左晃右动，如同小船浮水；另一表演者长须飘飘，头戴彩色大檐帽，在船周围持桨做各种滑稽撑船动作，如行水中，节奏明快，悠然自得。跑驴的表演者一人扮女装丑角，道具驴置于腰部，腰部以下用绸布遮挡，双手把持腰部道具架，表演驴的动作，如转圈、甩头、尥蹶子等；另一丑角牵驴或赶驴，表演生活中的各种情趣和人物心理活动，夸张幽默，令人忍俊不禁。跑驴在大街上表演，常有围观者冲上前，拍驴屁股，百般挑逗，表演者佯怒，大发驴脾气，惟妙惟肖，叫人发笑。

流传于旅顺及周边地区的花板舞和鞭扇舞是大连秧歌中两朵很有魅力的小花。解放前，旅顺地区每逢庙会和集市，都有民间艺人演出蹦蹦戏。解放初期，以唱蹦蹦戏为生的民间艺人邹世洪（艺名宝菊子）在表演中把竹板动作编成套路配合舞步，形成花板舞的雏形。后经艺人们加工整理，去掉竹板动作中的“碎嘴子”，编成快板、慢板，加上花样变化，形成多套打法，配

瓦房店市三台满族乡西兰旗村村民表演棒棒舞　瓦房店市文化馆资料

长兴岛地区秧歌·老母会 瓦房店市文化馆资料

以音乐伴奏，形成了今天的花板舞。花板舞舞姿热情奔放，诙谐抒情，以逗见长，是带有浓郁地方色彩的情绪舞。在广场上表演时，一支队伍有60多人，花板飞舞，清脆悦耳，气势逼人。鞭扇舞的鞭叫把门鞭，也叫霸王鞭，该鞭的制作方法和打法与别的鞭不同，表演技巧十分独特，刚柔相济，虎虎生风，煞是好看。20世纪90年代，旅顺鞭扇舞曾代表大连参加全国十城区民间舞蹈比赛，让人称奇赞叹。现在，在旅顺的群众健身活动和秧歌表演中常有花板舞和鞭扇舞出现，舞者的舞姿，特别是绝活儿，能博得观众的阵阵喝彩。

瓦房店市三台满族乡的棒棒舞是通过演示八卦阵法的形式，祈求海神娘娘保佑渔民平安无事、逢凶化吉、健康幸福的民间秧歌舞。清康熙年间，从山东渡海而来的宋起高、宋起贵、宋起凤三兄弟喜欢唱小曲，自创舞蹈动作，后人由此形成锣鼓调和喇叭调，变成了由30多人组成的表演阵容。其中有手持两根棒棒的“四大金刚”，有手持镶着铜钱串、可以发声的竹棍的4个把边儿，有每人一个腰鼓、头戴白毡帽的4个打花鼓男人，有女扮男装、打着太平鼓的4个拉花儿，有黄、红、蓝、白各举两面旗的8个旗手，还有带队“公子”和“老头”、“老婆”、卖膏药的丑角等。表演时，8个旗手占据八卦方位，旗帜上印有龙虎和北斗七星图案，猎猎飘扬，“四大金刚”怒目圆睁，将手中棒棒击发出悦耳声响，4个把边儿、4个打花鼓的、4个拉花儿同时甩动道具，踩着鼓点儿，变换队形，队伍中的“公子”现场编词，随机应变。棒棒舞已从清乾隆年间舞到现在，在瓦房店市三台满族乡一带大有群众基础。原始棒棒舞中的繁文缛节已逐渐被放弃，成为不受地点、人员和时间限制的群众性的健身和表演舞蹈。

大连秧歌中有一种叫“灯官”的表演形式，旧时称“灯政司”，由称“灯官”的男子和称“官娘子”的女子在农历正月十五元宵节上表演。灯官穿七品戏装、红袍，坐抬杆；官娘子穿花旦装，边走边舞。也有由4至6人抬“翘板”的，灯官和官娘子分坐两端，俗称“蹶官儿”，所到之处灯

凌水街道大山村的闹海秧歌·四大海　凌水街道大山村供稿

官高喊“小心灯火”。灯官和官娘子都经严格挑选，不但要美貌出众，还要品行端正。

长兴岛地区有一种由清乾隆初年移民传入的秧歌形式，叫“老母会”，也叫“太平会”，全称是“观音菩萨老母会”。表演者手举八杆旗幡开路，接着是走圆场、剪子股等队形变换，穿插打棒、打花鼓等表演，队中有人扮演傻小子、丑婆、四大金刚等人物。老母会是一种民间祭祀性秧歌，多在旧历年年终岁首时上街表演，由鼓乐伴奏，意在驱邪除疫。

还有一种闹海秧歌，俗称“四大海”，旧时主要盛行于大连小平岛地区。每年农历十一月以后，渔民便以鱼、鳖、虾、蟹等海物做供品，祭祀龙王，祈求平安。至清光绪年间，便出现了表演者头戴上述四种形象的面具，模拟水族洄游的舞蹈，逐渐发展成由祭祀时到节庆时都可以表演的独具特色的民间歌舞。表演时，渔人与人们装扮成的海中生物同乐，动作规范，用心虔诚，且有一些语言和行动上的禁忌，人人以参与表演为吉利，沿途响应，场面红火，实为大连沿海的独特艺术景观。近年来，凌水街道大山村秧歌队传承了这种闹海秧歌的表演形式，除了鱼、鳖、虾、蟹四种道具以外，还增添了其他海洋动植物道具，并加入了现代舞蹈元素，使其更具有观赏性和群众参与性，并且到省内其他城市和北京等地表演，无论是在内容上还是在形式上都十分引人关注。

狮舞和龙舞 大连的狮舞和龙舞以金州狮舞和金州龙舞为代表，在国内外都有相当大的名气，无论是过去还是现在，都对中国狮舞和龙舞的发展有着影响。

金州狮舞是金州人在1925年以后模仿清军在大连湾修建炮台时带来的耍狮艺术而形成的。艺人王善祥带领徒弟把装粮食用的麻袋拆开，披在身上为狮皮，系扎两处为狮耳，把脸围起来，用青麻做胡须，隔三岔五耍几下，大连第一次有了狮子舞。1954年，金州亮甲店油脂厂的工人借鉴山东烟台的狮子舞，劈竹子扎狮子，狮眼用手电筒发光，舌头还会动弹，用青麻染色为狮皮，成立了大连第一支舞狮队，很受群众欢迎。后来，金州城乡又相继成立了多支舞狮队伍，均属于北方狮子舞流派，在辽南地区名气很大。近年来，考取了国际舞狮裁判资格的李本生与金州区光明街道南山村共同创办的龙

金州狮舞　李本生供稿

狮团成果显赫，以北狮表演为主，也能做南狮的桩上表演。他们编创的北狮舞《群狮争雄》、《双狮争雄》和南狮舞《海底探宝》曾多次在国家级大赛中获得过规定套路和自选套路的金牌、银牌，在国外表演时，曾经逼得当地狮子不敢上场较量。

金州龙到海边喝水　金州区文化馆资料

金州北狮舞是以东北虎为原型，将东北虎抓、挠、咬、啃、戏、逗和闹的习性提炼表现出来，也展现了狮子跳、跃、翻、滚、腾等特技动作，在表演中展示了百兽之王的权力和地位及喜、怒、哀、乐的心理状态。艺人在表演时，全身由狮皮遮盖，舞狮者只露双腿，下身穿着和狮皮同色的裤子和花靴，由两人合作扮一头大狮，一人扮一头小狮，另一人扮武士，手持绣球，诱狮起舞，配以鼓、钹、锣等民族乐器，乐声抑扬，动作合拍，生动活泼。

金州龙舞也叫龙灯舞，也是金州人从清军驻防营中学来的。从清光绪七年（1881年）开始，每逢元宵节，军营内都有舞龙活动，百姓可以入营观看，扎棚匠陈德员和纸匠李田英就偷艺仿制了一条龙，从此诞生了金州龙舞，也称西门外龙舞，后来金州城乡又成立了多支舞龙队。舞龙一般从大年初九一直表演到二月二龙抬头，每逢元宵节，在金州城内都有10多条龙，龙都掌了灯，争胜斗强。自龙舞诞生以来，舞龙一直是金州民众生活中不可缺少的文化娱乐项目，不仅在春节期间，平时节庆日、开业贺喜和大一些的活动都有龙舞助兴，舞者如醉如痴，观者如山如潮。金州龙舞以金州为中心，辐射到周边乡镇和大连市内，甚至影响到沈阳及北京、山东等地区。

解放后，金州龙有了重大改革，龙头道具从古时二三十斤改到四斤八两，龙身的光源也进行了创新。现在的金州龙大小适度，体态丰满，造型俊美，工艺古朴，着色讲究，舞动起来时，动作更加强劲热烈，表演更加丰富多变，气势更加跌宕起伏，充分表现出金州人的激情和豪爽。

金州龙在动态舞龙、静态舞龙和游龙等部分都进行了重大变革，创新动作达到百余个。以大海为创作源泉的动作，如龙搅水（即螺旋跳）、翻江倒

旧时金州龙舞　金州区文化馆资料

金州女子荷花龙舞　金州区文化馆资料

海（即单侧大起伏）、地浪滚（即摇船）都是独特新颖、难度很大的舞蹈动作，尤其是“卧龙”表演一亮相，全国舞龙界都为之震惊。

金州龙舞的表演有《单龙戏珠》、《双龙抢珠》、《群龙呈祥》等许多节目，舞姿变化多端，表演套路有27种之多，舞龙花样近40种，都与大海有关，有大波浪、中波浪、小波浪、闹海、龙搅水、蛟龙出海、翻江倒海等。一支舞龙队一般由两条龙和一个舞龙珠的人组成，每条龙由一个人舞龙头，七个人舞龙身，一个人舞龙尾；伴奏音乐主要选用一些比较欢快的东北秧歌曲牌，为吹奏乐和打击乐；演出服装也有讲究，蓝色代表雄龙，黄色代表雌龙，衣、裤配套，均镶花边，头系三角巾，有护腕和腰带，具有典型的民族特色和大连海洋文化特色。

历史上，金州有许多杰出的龙舞艺人，他们为金州龙舞的发展做出了世世代代的努力。他们不满足单一的舞龙项目，开发了女子荷花龙、虾爬龙、鱼龙、草帽龙、槐花龙等一些新品种。李本生发明的长度可变的龙获国家专利，并在比利时布鲁塞尔尤里卡世界发明博览会上获金奖。金州龙曾三次进京表演，轰动京城，也曾多次到国外表演。1999年澳门回归时，金州女子荷花龙舞在天安门广场表演，获得首届中国民间文艺最高奖中国民间文艺山花奖。龙是中国人的魂，金州龙舞至今仍然是值得金州人骄傲的文化品牌，也是大连民间艺术中不可多得的民间舞蹈精品。

大连民间音乐、民间曲艺和民间舞蹈伴随着大连的发展而发展，具有鲜明的民族性和地方性，既保留了传统特色，又不断演变更新，既与关内一脉相承，又有关外的气韵风采，为大连哺育出无数民间艺人，也推动着大连新音乐、新曲艺和新舞蹈的专业创作，涌现出一批全国知名的艺术家和许多广泛流传的经典作品。如以长海号子旋律为主编成的歌剧《海蓬花》，曾经获得中国专业舞台艺术政府最高奖文华大奖；根据大连单鼓乐曲调填词的歌曲《梅花开得好》，由大连传统双管乐改编而成的双管乐《江河水》，著名舞蹈家张毅借鉴大连民间花鼓舞创作的《花鼓舞》，都享誉国内外，经久　不衰。

大连民间音乐、民间曲艺和民间舞蹈是大连民间艺术的重要组成部分，多在民俗活动中表演，与大连人在生活上密切相关，在感情上休戚与共，最为大连人喜闻乐见，具有强烈的心理凝聚力，是大连文化和大连精神的一种热烈而张扬的体现。

后 记

大连是个令人关注的城市，撰写这本书，我的期望是能让大连人和关注大连的人对大连民间艺术有一个相对完整的印象，了解大连各民间艺术种类的前世今生，并有直观的感受，从而品出滋味，有所感悟，更加了解大连、热爱大连。因为有了相关部门和人士的参与，这本书的内容才基本上做到了比较全面、比较准确。奔走于城乡，采访民间艺人时，我始终对他们心怀感激，在完稿后，更要首先向他们表示感谢。

不写不知道，一旦深入民间去探寻大连民间艺术的踪迹，我就像一个老农在挖掘一眼深井，越挖掘越有活水涌出，到后来，已呈井喷之势，让人欲罢不能。大连民间藏龙卧虎，民间艺术种类和民间艺人渗透到各个角落，即便是写出了18个民间艺术种类和近百名民间艺人，收入了数百幅作品图片，也肯定会有一些民间艺术种类和优秀民间艺人没有被发现，被遗漏了。这本书的重点不是介绍人物，同一门类的民间艺人只写进少数几个，以至于许多同样杰出的民间艺人和他们的作品不能收入书中，其中有些人我非常熟悉，很有感情，却也只能忍痛割爱。还有，与泥塑同源的陶艺和反映大连地区古老锻造工艺的打铁手艺、传统制盐工艺、卤水豆腐制作工艺、现代玻璃制作工艺等许多与民间艺人手艺相关的广义上的民间艺术种类，也未能一一记录和表述出来。虽然这都是一些难以避免的遗憾，我也必须致以歉意。

同源远流长、博大精深的中国民间艺术一样，大连民间艺术也是大连一切艺术的发展之根、创作之源，凝聚着大连普通百姓的审美精髓。大连民间艺术的存在，昭示着大连传统文化的存在、大连精神的存在。从这个意义上讲，无论我们对它做出多么高的评价、给予多么大的期待，都不为过。大连民间艺术与大连历史同时产生、同步发展，是社会知识和民间智慧的集中体现，甚至是百姓的一种生活方式，紧密伴随大连人的劳动生活、社会生活和感情生活，与大连人休戚与共，是大连人共同创作、共同享有的，大部分通过口传心授的方式传承。从它诞生和演变的过程中，我们可以领略到不同历史时期的大连文化和大连民生民情的状态。同时，大连民间艺术又是大连传统文化的结晶，它的齐鲁文化、中原文化底色与东北文化的风采交相辉映，也受近现代中西方文化交流的影响，强烈彰显着由大连这方水土孕育而出的独特的艺术魅力，表现出神秘、质朴、热烈、夸张、简洁、诙谐与直白、成熟、柔媚、写实、繁复、庄重的艺术美感，或多种美感兼而有之的艺术效果。大连因为有了这么多历史悠久、异彩纷呈的民间艺术而熠熠生辉，大连人也因为有了这样妙趣横生、让人目不暇接的民间艺术作品而更加崇尚本土文化和更加喜爱这座日益现代化的城市。大连民间艺术是大连和大连人的骄傲，对它的任何藐视，都是艺术上的偏见和文化精神方面的欠缺。

大连民间艺术从历史深处走来，曾经对大连人的文化和艺术启蒙发挥了至关重要的作用。如今，大连民间艺术有的与我们的生活一道继续前行，有的则渐行渐远，有一些成为非物质文化遗产项目，需要保护和传承，还有一些是随着人们审美观念的变化和新材料、新工艺的出现而产生的，形成新兴的民间艺术种类。不管是哪一种情形，这本书都是从它们的工艺或表演的过程，以及相关民间艺人的作品两个方面，用文字叙述和图片展示的方式来传达信息的。这本书称不上是文献，却注重史料的搜集，运用文献记录的方法编写而成。

大连民间艺人生生不息，是一个坚忍执着、吃苦耐劳、乐观豁达的庞大群体，也许他们的文化修养和生存条件不如那些浸润于儒家文化和文人文化的研究者、创作者，但是他们对平民生活的热爱、对真善美的理解、对艺术的领悟力和创造力绝不比那些专业人士逊色。很多民间艺人永远没有自己最满意的作品，相对于专业技法，内心的热爱和传统的精神，才是他们的点睛之笔。他们能用身边极为普通的材料，甚至化腐朽为神奇，制作出个性迥然、大俗大雅、匪夷所思的艺术品，让人叹为观止，也能随心所欲地做出与大连民风民俗密切相关、为人民群众喜闻乐见的工艺美术品。他们用鲜活灵动的手艺和近乎原生态的表演说唱，引导人们在享受工业文明的同时回归传统，重新开始文化上的求索，这样的聪明才智值得钦佩，这样的民间艺人进行任何一个民间艺术种类的创作都值得尊重。

大连民间艺人中有许多功成名就、受世人瞩目者，是名副其实的艺术家。很多人获得过高级职称和荣誉称号，也获得过许多奖励，包括中国民间文艺最高奖“山花奖”和大连市文艺最高奖“金苹果奖”。众多民间艺人在国内外为大连赢得了不少赞誉，使国内外人士更深入、更透彻地了解了大连文化，更亲近大连。但是在这本书里，看不出民间艺人获得的奖项和职衔。对他们一律以“艺人”相称，是因为“艺人”是最早出现在中国历史上的艺术家，是一个含金量很高、分量很重的称谓，“民间艺人”更是一个看上去就让人感到亲切温馨的字眼。

大连民间艺术来自大连民间，活跃于大连民间，利在大众，功在社会，是大连群众最容易接受、参与者最多的艺术形式，也是发展文化产业的雄厚资源。有的人志存高远，追求艺术上的成就；有的人隐在民间，自娱自乐，意在陶冶性情；有的人把手工制作或表演说唱当成自己创业谋生的手段；更多的人受到无处不在的民间艺术的熏陶，在日常生活和年节等的民俗活动中通过亲身介入民间艺术的创作或欣赏民间艺术，交流思想感情，美化生活，增进和谐。民间艺术的教化功能和产业潜力是其他任何一种艺术形式都难以替代的，因此，保护、传承、发展和繁荣大连民间艺术不仅应是大连民间艺人和民间文艺工作者的责任，也应是大连全社会的义务。在中国传统文化、传统手工艺不断受到猛烈冲击的当下，在一些传统民间艺术的老艺人为了生计逐渐疏远了祖传手艺的窘况下，不待火尽而薪传，尤其具有现实意义。

这本书的出版，了却了我这个老民间文艺工作者的心愿。祝愿大连民间艺术之花长盛不衰，祝愿大连民间艺人的技艺世代相传。

再次感谢为这本书的出版提供帮助的单位和个人。

作　者